KB151368

오늘 배워서 내일 써먹는

주식투자
3일완성

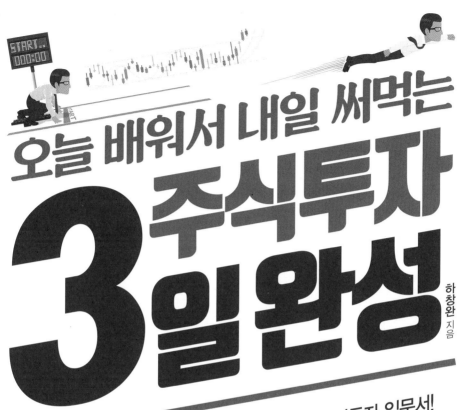

오늘 배워서 내일 써먹는

주식투자 3일 완성

하창완 지음

'주알못'도 '주신'으로 등극하는 가장 쉬운 주식투자 입문서!
주식투자에서 손실 보는 이유와 수익 내는 법을 파악하는 데는
딱, 3일이면 충분하다!

주식 계좌 개설,
HTS 설치·활용,
모의투자 방법 등
소개

차트 분석,
보조지표 활용법,
황금주 고르는
비법 공개

계절, 탄소배출권,
남북경협 등
테마별 유망 종목과
향후 전망 수록

국일 증권경제연구소

최근 재테크를 하지 않으면 '경제 개념이 없다'는 소리를 들을 만큼 많은 사람이 재테크를 한다. 재테크를 하지 않는 사람도 종종 신문이나 주변 사람들의 이야기를 통해 주식투자로 엄청난 수익을 얻어 인생 역전했다는 소리를 한 번쯤은 들어봤을 것이다. 이런 이야기에 혹해 실제로 투자를 진행해보면 "왜 내가 사면 떨어지고 내가 팔면 오르지?"와 같은 생각을 하게 된다.

투자에 실패하는 이유는 간단하다. 대부분 투자자는 잘 모르면서 무작정 투자하기 때문이다. 잘 모르면서 투자하는 것은 투자가 아니라 도박이라는 것을 알아야 한다. 정확한 투자 포인트도 없이 무작정 돈을 투자하여 '대박'을 노린다. 우리는 성공적인 투자를 하기 위해 '투자'를 위한 공부를 선행해야 한다.

그렇다면 투자란 무엇일까? 일반적으로 주식투자에서는 투자하는 대상이 저평가되어 있거나 현재 가치보다 상승할 만한 요인이 있을 때 투자하는 것을 투자라고 말한다. 즉, 투자는 투자 대상이 실질적인 가치를 인정받기 전에 미리 매수하여 그 가치를 인정받은 이후에 매도하여 시세 차익을 얻는 행동을 말한다.

대부분의 사람들은 "이 종목 대박 난대! 내가 정말 고급 정보를 얻었어"와 같이 다른 사람의 이야기만 듣고 투자하여 실패한다. 이 사람들은 투자하기 전 투자하는 종목이 고평가되어 있는지, 재무상 위험하진 않은지 확인하지 않는다. 이처럼 주식투자에서 망하는 이유는 투자가 아니라 투기를 하기 때문이다. 내가 투자하면 "무조건 잘 되겠지"라는 생각을 갖고 진입하지 말자. 주식투자를 위해서는 지속적으로 정보를 찾아야 하고 각종 투자 이론을 공부해야 한다. 그렇지 않으면 뼈저리게 비싼 교육비를 내야 한다.

주식에 투자하여 손실을 보는 이유는 크게 8가지로 좁힐 수 있다. 만약 3일 동안 손실을 보는 이유에 대해서 파악하고 수익을 내는 방법을 익힌다면 분명 주식 초보에서 탈출할 수 있다. 3일만 투자한다면 주식 초보가 겪는 시행착오를 겪지 않을 수 있다는 말이다.

지금부터 3일 동안 어떻게 하면 주식 시장에서 투자 실패에 따른 교육비를 내지 않고 투기가 아닌 성공적인 투자를 할 수 있는지 그 방법에 관해 본격적으로 알아보자.

저자의 말

PD

한국경제TV 증권부 임상우 PD

근 20여 년간 보아온 증권시장은 단순한 '자본주의의 꽃'이 아닌 '살아 움직이는 유기체'였다. 예측이 불가능하고 공포와 탐욕으로 가득할지라도 어느 순간에는 화려한 꽃들이 만발하기도 하고 또 어느 순간에는 황무지만큼 황량함을 보여주기도 한다. 이러한 증권시장의 또 다른 특징 중 하나는 패션보다도 더 트렌디하면서 변화무쌍하다는 것이다. 불과 7~8년 전만하더라도 차(자동차)·화(화학)·정(정유) 등 기간산업 위주의 주식이 머스트해브아이템으로 여겨지던 시장이 지금은 'BTS'와 '트와이스'의 활동 소식에 촉각을 세우고 '바이오'에 투자자들은 울고 웃는다. 지금의 '삼성전자'는 불과 1년 전의 그 삼성전자가 아니고 개인투자자들에게 '국민주식'이라고 불리던 'SK하이닉스'는 어느새 넘사벽이 되어버렸다. 이러한 시장의 변화에도 불구하고 투자자가 지녀야 할 것은 예전이나 지금이나 여전히 같다. 바로 '명확한 기준과 탄탄한 기본을 바탕으로 한 투자 원칙'이다. '묻지마 투자'나 '몰빵'은 하지 말고 매도할 때는 미련을 갖지 말고 과감하게 매도하라는 이야기는 2000년에도 2010년에도 2019년에도 여전히 유효하다. 하지만 여전히 그러지 못하고 '개미'라 불리우며 울며 겨자 먹기로 '비자발적 장기투자자'가 된 개인투자자들에게 부족한 것은 바로 '기준'을 세우기 위한 '기본'이다. 하창완 대표의 이 책은 트렌디하고 변화무쌍한 주식시장의 움직임과 그러한 기본의 부족을 충족해줄 수 있는 좋은 자양분이 되리라 믿어 의심치 않는다. 10여 년 전 들었던 말을 다시 한번 적어본다. '공부만이 살 길이다.'

매일경제TV 〈증권광장〉 김승욱 PD

평소 하창완 애널리스트가 방송하는 모습을 지켜보면 성실함의 아이콘이라 칭할 수밖에 없다. 성실하고 준비성이 철저한 그와 닮은 이 책은 두고두고 주식 투자자들에게 아낌없는 사랑을 받을 것이라 확신한다.

디지틀조선TV 백규리 아나운서

이 책은 성공적인 주식투자를 위해 투자자가 지녀야 할 자세부터 투자 비결을 자세하게 소개하여 초보자도 쉽게 이해하고 실전 투자에 활용할 수 있게끔 도와주는 주식투자 길라잡이다.

매일경제TV 김정은 아나운서

나는 주변에서 주식에 관심이 있어도 막상 시작하려면 어떻게, 어디서부터 해야 할지 막막하다는 말을 많이 듣는다. 이 책을 보면 차트를 읽고 지표를 이해하면서 꼼꼼하게 종목을 보는 눈이 생길 것이다. 주식 입문자들에게 큰 도움이 되는 책이다.

매일경제TV 김정연 아나운서

실전에서 뛰어본 경험이 쌓여 그의 책이 되었다. 개인투자자가 쉽게 범하는 오류는 등락장에서 일희일비하기다. 자신만의 투자 기준과 원칙이 없다면 요즘 같이 변동성이 큰 주식시장에서 살아남기 어렵다. 이 책은 주식 투자자가 자신만의 기준점과 분석 방법을 마련하도록 도와줄 것이다.

매일경제TV 이창진 아나운서

개인투자자가 주식을 하다 보면 수익에 급급해 주식의 기본적인 요소를 지나치는 경우가 많다. 시장이 어려울 때일수록 기본에 더 충실해야 하는 법이다. 그런 면에서 이 책은 우리가 그동안 투자가 아닌 투기에 빠져 지나쳐버린 것은 없는지 다시 한번 생각하게 만들어준다.

추천사

매일경제TV 박지훈 캐스터

처음 주식을 시작할 때 보통 주변 사람에게 "이 종목 사", "이거 사면 나중에 좋대"라며 몇몇의 종목을 추천받는다. 하지만 카더라 통신으로 손실을 안은 사람들이 상당수다. 소중한 내 돈을 지키기 위해서 딱 3일만 투자해보자. 어떤 종목을 선택하고, 무엇을 확인하고, 어떤 것을 중심적으로 살펴봐야 하는지 이 책을 통하면 알 수 있다. 투자자들이 이 책을 읽고 조금이나마 더 나은 투자를 할 수 있기를, 그리고 그 길 끝엔 큰 수익이 남기를 바란다.

작가

매일경제TV 조아라 작가

함께 방송을 하면서 주식 투자자들이 정말 궁금해할 만한 지점을 잘 짚어서 알기 쉽게 설명해주는 모습을 보았다. 방송에서 시청자들의 가려운 곳을 시원하게 해결해주는 것처럼 이 책을 통해 더 많은 초보 투자자들의 마음을 시원하게 해줄 수 있기를 기대한다.

매일경제TV 이정희 작가

주변에 주식을 어려워하는 사람이 참 많다. 이 책은 쉽고 또 즐겁게 시작할 수 있는 주식투자 방법을 소개한다. 기초부터 실전까지 한 권으로 끝내는 주식투자 입문서라고 정의하고 싶다. 이 책을 읽은 사람이라면 투자에 꼭 성공하리라 믿는다.

매일경제TV 한영민 작가

재테크 수단 중 많은 사람이 주식에 관심을 갖는 이유는 적은 자금으로도 시작할 수 있는 접근성 때문이다. 이 책은 주식 초보 투자자를 위해 HTS 활용법부터 기술적 분석뿐만 아니라 돈이 되는 정보와 투자자가 지녀야 할 마음까지 알려준다. 주식투자를 시작하고 싶은 사람이라면 꼭 한번 이 책을 읽고 투자를 하길 바란다. 당신의 투자는 이 책을 읽기 전과 읽고 난 후로 나뉠 것이다.

교수

중앙대학교 산업창업경영대학원장 이정희 교수

이 책은 성공적인 주식투자를 위해 어떤 부분을 알고 공부해야 하는지 전체적인 로드맵을 제시한다. 모든 부분에서 기초가 중요한데, 이 책을 통해 다시 한번 주식투자의 기초를 다질 수 있을 것으로 기대한다.

중앙대학교 산업창업경영대학원 김영선 교수

주식투자를 처음 접하는 사람뿐만 아니라 주식은 하지만 수익을 올리지 못하는 사람에게도 도움이 되는 투자의 모든 핵심을 담았다. 주식투자에 성공하려면 어떻게 해야 하고, 가치 투자를 위해 무엇을 공부하고, 유망 종목은 어떻게 선택하는지 그 방향을 알 수 있는 책이다.

중앙대학교 산업창업경영대학원 박재홍 교수

이 책을 주목해야 하는 이유는 저자가 주식 시장에 개척해 놓은 경험과 고민을 녹여 투자의 마음가짐부터 실제 증권사 HTS를 사용하는 방법까지 주식투자의 ABC를 상세하게 공유하였기 때문이다. 이 책을 통하면 주식투자로 부자 되는 즐거운 길을 걸을 수 있게 될 것이다.

패널

펠리즈 투자&리서치 김민수 대표

서점에서 쉽게 볼 수 있는 주식 기초 안내서 중에 단연 손에 꼽을 정도의 구성과 알찬 내용이 돋보인다. 평소 한 번쯤, 기초부터 다시 차근차근 시장에 접근하길 원하는 사람이라면 손에 쥐어봐야 할 책이다. 주식투자의 첫발과 기초 개념 정리를 위해 이 책을 꼭 읽어보길 권한다.

3일 완성
주식투자 가이드

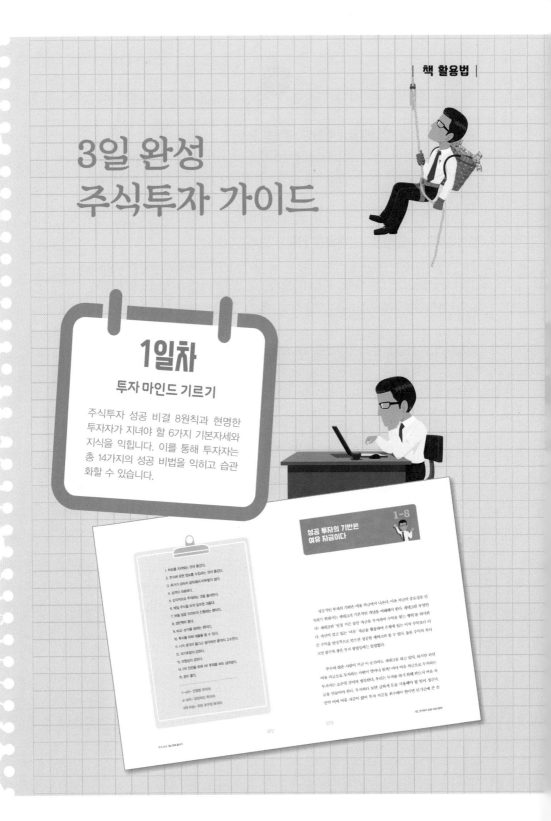

1일차

투자 마인드 기르기

주식투자 성공 비결 8원칙과 현명한
투자자가 지녀야 할 6가지 기본자세와
지식을 익힙니다. 이를 통해 투자자는
총 14가지의 성공 비법을 익히고 습관
화할 수 있습니다.

2일차
현명하게 주식 공부하기

차트 분석에 관해 전반적으로 파악합니다. 차트의 기본기부터 보조지표까지 기술적 분석의 모든 것을 해부할 수 있습니다.

3일차
성공 투자를 위한 연습

실제로 투자에 들어가기 전 준비해야 할 것을 파악합니다. 충분한 모의투자를 통해 본인만의 실전 감각을 익히고 각 테마별 이슈를 확인하여 성공적인 투자전략을 수립할 수 있습니다.

3일차

1일차

- ✅ 주식투자 성공 비결 8원칙

- ✅ 현명한 투자자의 6가지
  기본자세와 지식

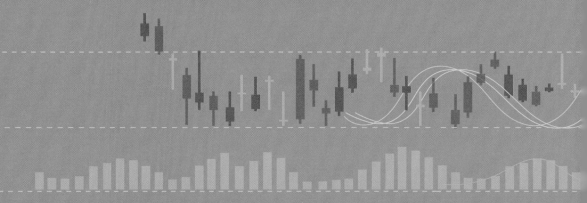

주식투자 성공 비결
8원칙

주식투자를 하며 손실을 입는 대부분의 사람들은 "이 종목 대박 날 거야! 내가 정말 고급 정보를 얻었어"와 같은 남의 이야기만 듣고 투자하는 경우가 비일비재하다. 이런 투자자의 특징은 투자를 하기 전 투자하는 종목이 고평가되어 있는지, 재무상 위험한 상태인지 파악하지 않는다는 것이다. 이처럼 사람들이 주식투자에 망하는 이 유는 바로 투자를 하는 것이 아니라 투기를 하고 있기 때문이다. 이 장에서는 어떻게 하면 주식 시장에서 투자 실패에 따른 강의료를 내지 않고 투기가 아닌 투자를 할 수 있는지 그 방법을 알 수 있다.

　　성공적인 주식투자를 위해 우리는 반드시 투자하기 전에 투자할 기업에 대해 분석해야 한다. 혹시 우리가 물건을 사기 전에 어떤 행동을 하는지 생각해본 적이 있는가? 우리는 보통 물건을 구매할 때 더 저렴하게 살 수 있는 방법이 있는지 찾는다. 인터넷을 활용하기도 하고, 실제로 매장을 돌아다니며 알아보기도 한다. A라는 사람이 100만 원 정도의 금액으로 최신 컴퓨터를 구매해야 하는 상황이라고 한번 가정해보자. A는 우선 100만 원 이상의 컴퓨터 모델 중 자신에게 필요한 성능을 갖춘 컴퓨터를 찾는다. 원하는 컴퓨터 모델을 고른 후 인터넷이나 전자상가 등 여러 루트 중에서 가장 저렴한 곳이 어디인지 찾고 그곳에 가서 구매할 것이다. 만약 원하는 모델의 가격이 너무 비싸면 100만 원선 정도의 컴퓨터 중에서 가장 필요한 성능을 갖춘 컴퓨터가 무엇인지 찾고 그 컴퓨터를 선택할 것이다. 또한 더 저렴하게 구입할 수 있는 다른 방법도 찾는다. 포인트를 활용할 수 있는지, 각 카드사별로 어떤 할인 혜택이 있는지도 파악한다. 이처럼 우리는 물건을 구매하기 전에 분석을 한다. 하지만 투자자는 컴퓨터를 사는 것과는 비교도 할 수 없는 많은 자금이 투입되는 주식투자를 할 때 조사하고 분석하지 않는다. 그 이유가 무엇일까?

우리는 컴퓨터와 같은 물건을 사는 행위를 수도 없이 많이 해봤다. 그렇기 때문에 새로운 물건을 구매하더라도 과거의 경험을 활용하여 어떤 식으로 구매를 해야 합리적인 선택을 할 수 있는지 안다. 하지만 주식은 어떨까? 초보 투자자는 주식 시장에서 거래를 진행해보지 않았기 때문에 현재 A 종목의 주가가 합리적인지 아닌지 파악할 수 없다. 문제는 초보자가 주식투자를 할 때 주식에 대해 잘 알지 못하면서 투자하려는 기업을 조사하거나 분석하지 않는다는 것이다. 이것이 초보 투자자가 주식투자에 실패하는 가장 첫 번째 이유다. 초보자뿐만 아니라 오랜 기간 투자한 사람도 투자하기 전 해당 기업을 조사하거나 분석하지 않는 경우가 많다. 오랜 기간 주식투자를 진행한 투자자는 매너리즘에 빠질 수 있다. 게다가 계좌에서 돈을 인출하지 않으면 사이버 머니로 생각하게 될 때가 있다. 투자자가 매너리즘에 빠지거나 사이버 머니로 생각하는 순간 과거 자신이 투자했던 경험을 맹신하게 된다. 그러면 투자하기 전 항상 진행해왔던 투자 종목에 대한 현황과 투자 포인트 분석을 하지 않고 방심하게 된다. 바로 이때 걷잡을 수 없는 손해가 발생한다. 투자는 백 번의 성공보다 한 번의 실패가 더 큰 타격을 준다. 투자를 진행하다 보면 자연스레 투자 자금이 늘어나기 때문이다. 1,000만 원의 투자금으로 백 번 성공해봐야, 한 번에 반 토막에 가까운 손해를 입으면 백 번의 성공이 무용지물이 될 수 있다는 것을 명심하자. 그렇기 때문에 투자자는 주식을 투자하기 전에 반드시 분석하는 습관을 길러야 한다. 투자자가 투자하기 전 분석해야 할 네 가지가 있다.

재무제표를 파악하라

주식 초보자가 가장 많이 경험하는 것 중 하나가 바로 '상장폐지'다. 코스피, 코스닥 시장에서는 상장폐지가 될 만한 요인이 많다. 그중에서 초보자가 가장 많이 접하게 되는 상장폐지 요인은 '기업의 실적'이다. 투자자는 회사의 펀더멘탈과 투자할 가치가 있는지 파악하기 위해서 반드시 기업의 재무제표를 확인해야 한다. 재무제표 중에서 매출액, 영업이익, 영업이익률, 당기순이익을 확인해야 한다.

알아보기

상장폐지 요건을 확인하는 방법은 저자의 블로그(blog.naver.com/riku223)를 참고하면 자세하게 알 수 있다.

코스닥 종목을 예로 들어보자. 코스닥에 상장된 종목의 경우 5년 연속 영업손실을 기록하면 상장폐지가 될 수 있다. 보통 거래소는 투자자 보호를 위해 자본금 50% 이상 잠식, 4년 연속 영업손실, 최근 3년 가운데 2회 이상 법인세 비용 차감 전 손실이 자기자본의 50%를 초과하는 상장사를 관리종목으로 지정하고 투자자에게 알린다. 하지만 초보 투자자는 공시를 보지 않기 때문에 거래소에서 알려주는 위험을 감지하지 못한다. 초보 투자자는 종목에 대해 전혀 분석을 하지 않고, 겉보기에 좋아 보이는 종목에 투자하여 상장폐지를 경험하는 경우가 있다. 투자자는 재무제표 내용을 검토하여 투자하려는 종목이 장기간 보유할 만한 상황인지 사전에 확인해야 한다. 기업의 공시 및 재무제표 등과 같은 보고서는 전자공시시스템(dart.fss.or.kr)에 들어가면 확인할 수 있다. 투자자는 기업의 실적을 명확하게 파악하기 위해 앞서 설명한 것처럼 매출액, 영업이익, 영업이익률, 당기순이익에 대해 이해할 필요가 있다. 지금부터 이 네 가지를 알아보자.

알아보기

전자공시시스템을 파악하는 방법은 저자의 블로그(blog.naver.com/riku223)를 참고하면 자세하게 알 수 있다.

매출액

매출액은 제품이나 상품, 서비스 판매 총액을 말한다. 매출액은 국내 매출액+수출액의 총액을 더한 것을 의미하기도 한다. 매출액이 중요한 이유는 영업이익, 영업이익률, 당기순이익 등을 계산할 때 반드시 필요한 기초 자료이기도 하고 회사 자체의 판매를 의미하기 때문이다.

매출액 = 국내 매출액 + 수출액

영업이익

영업이익은 매출액에서 매출원가(재료비, 부품비, 생산비, 생산 인건비 등)나 판매 관리비(광고비, 인건비, 연구개발비, 감가상각비 등과 같이 영업 활동에 투입된 비용)를 제외하고 남은 이익이다. 영업이익은 말 그대로 순수하게 영업을 통해 벌어들인 이익을 뜻하며 '수익성' 지표다.

영업이익 = 매출액 − 매출원가 − 판매비 및 관리비

영업이익률

영업이익률은 영업이익을 바탕으로 기업의 수익 창출 능력을 평가하는 지표로, 매출액 중 영업이익이 차지하는 비중을 백분율로 나타낸 것을 말한다. 즉, 영업이익률이 만약 30%라면 매출원가와 판매 관리비를 합친 영업비용이 매출액의 70%라는 것을 의미한다. 일반적으로 영업이익률이 높을수록 시장 지배력이 강하다고 평가한다. 영업이익률이 30%가 넘으면 독과점으로 취급하기도 한다.

영업이익률 = 영업이익 / 매출액 × 100

당기순이익

당기순이익은 영업이익에서 영업 외 수익(이자수익, 배당금수익, 투자자산 처분이익, 지분 평가이익 등)을 더하고 영업 외 비용(이자비용, 투자자산 처분손실 등)과 법인세 비용을 제외하고 남은 이익이다.

매출액 − 매출원가 − 판매 및 관리비 = 영업이익

영업이익 + 영업 외 수익 − 영업 외 비용 − 법인세 비용 = 순이익

순이익 = 매출액 − 협력업체 몫 − 임직원 몫 − 채권자의 몫 − 국가의 몫 = 주주의 몫

당기순이익이 중요한 이유

① **주주들에게 배당금을 나눠줄 수 있다.** 주식 시장에서는 배당률이 높은 종목이 인기가 많다. 실제로 배당주에 대한 투자만 진행하는 투자자가 있을 정도다. 배당은 실적이 뒷받침되지 못하면 진행할 수 없다. 즉, 배당을 한다는 것은 기본적으로 실적이 튼튼하다는 것을 의미한다.

② **자사주를 매입하여 소각할 수 있다.** 자사주를 소각한다는 것 자체가 회사의 전체 유통 주식 수를 줄이는 것이기 때문에 주주의 입장에서는 자신이 갖고 있는 보유 주식의 가치가 상승한다. 일반적으로 시장에서

는 유통 주식 수가 늘어나면 주가의 가치가 하락한다고 인식한다. 이는 배당과 유사한 효과가 있기 때문에 자사주 소각은 보통 시장에서 '호재'로 인식하고 주가에 먼저 반영되지 않았을 경우에는 급등의 요인으로도 작용한다. 게다가 자사주는 경영권을 방어하는 데 활용할 수 있다.

③ **기업이 순이익을 사내에 유보할 수 있다.** 순이익을 회사에 유보한다는 것 자체가 자기자본의 증가를 의미한다. 자기자본은 회사의 성장 동력으로 상징적인 의미를 갖는다. 자기자본이 많은 경우에는 사업의 다각화 등 다양한 전략을 펼칠 수 있으므로 투자자 입장에서는 새로운 성장 모멘텀으로 인식할 수 있다. 그리고 지속적으로 성장성이 있다는 것 자체가 회사에는 긍정적인 의미로 작용하고 투자할 요인으로 받아들여진다. 즉, 순이익의 증가는 회사 동력의 원천이 되고 투자 포인트가 되기 때문에 당기순이익을 집중적으로 체크해야 한다.

초보 투자자일수록 반드시 상장폐지 요건과 재무제표에서 중요한 네 가지를 파악하여 투자하는 종목이 장기 투자하기에 적절한 종목인지를 확인해야 한다. 기업의 실적이 너무 좋지 않거나, 실적에 비해 주가가 이미 많이 상승한 종목의 경우에도 투자를 보류하는 것이 좋다. 주식투자에서 가장 중요한 것은 '리스크 관리'다. 초보자일수록 위험 감지가 늦고 회피하는 방법을 잘 몰라 대응이 늦어 투자에 실패하는 경우가 많다. 한번의 머뭇거림과 실수가 투자자에게 큰 손실을 안겨준다. 투자하기 전에 반드시 상장폐지 요건과 재무제표를 체크하자.

모멘텀을 파악하라

아무리 좋은 종목으로 평가받아도 실제로 주가가 움직임을 보이기 위해서는 '모멘텀'이 필요하다. 주식 시장에서 투자자들이 모멘텀으로 부르는 것은 여러 가지가 있다. 예를 들면 호실적, 수주, 호재로 인식하는 공시 등이다. 이렇게 투자자가 긍정적 혹은 부정적으로 생각하여 주가에 영향을 미치는 모든 요소를 주식 시장에서는 모멘텀이라고 표현한다. 투자를 진행하다 보면 항상 주가의 변동이 있지만 일정한 방향으로 강한 움직임을 보여줄 땐 모멘텀이 나타나는 경우가 많다. 그렇기 때문에 투자하기 전에 투자하려는 종목이 어떤 이슈가 있는지 반드시 체크해야 한다.

즉, 투자를 진행하는 시점에 투자 대상 기업이 단기적인 호재(좋은 뉴스)가 있는지 악재(나쁜 뉴스)가 있는지 미리 파악해야 한다. 만약 기업이 호재가 있다면 일반적으로 주가가 상승할 가능성이 매우 높다. 하지만 주의해야 할 점은 해당 모멘텀이 이미 주가에 반영되었는지를 파악하는 것이다. 대부분 투자자는 호재가 발생하면 주가가 상승할 것을 예측하고 미리 진입한다. 따라서 호재는 좋은 소식이지만 이미 주가에 반영되었다면 소식이 나온 이후 주가에 부정적인 영향을 주는 요인으로 작용한다. 투자자의 입장에서 보면 호재가 뉴스 혹은 공시로 알려지는 것은 해당 정보에 대한 가치가 사라지는 것을 의미한다. 그렇기 때문에 투자할 포인트가 사라지게 되고 투자심리가 악화된다. 투자자들은 해당 종목에서 자금을 회수하여 다른 상승 포인트가 있는 종목으로 투자하기 위한 움직임을 보인다. 이에 따라 해당 기업에서는 단기적인 물량이 나오게 되고 주가는 하락하게 된다.

만약 투자자가 해당 기업에 대한 자세한 조사 없이 관련된 모멘텀에 집중하여 투자한다면 해당 모멘텀이 사라지는 것은 그 기업에 투자할 이유가 사라지는 것과 같다. 물론 투자자는 해당 모멘텀의 지속 여부를 파악해야 한다. 만약 호재가 단기간에 작용할 이슈라면 단기적인 매물 소화로 인해 바로 주가에 영향을 미칠 것이고, 중장기적으로 작용할 수 있는 요인이라면 더 상승할 수 있기 때문에 투자 의사 결정을 더욱 신중하게 할 필요가 있다. 투자자는 모멘텀이 시장에 공개되더라도 적절한 매수와 매도 시점을 파악하기 위해 항상 노력해야 한다.

만약 악재가 나온다면 투자자는 빠르게 물량을 정리하여 현금을 확보하고 반등이 나오는 시점에서 재매수를 하여 손실의 폭을 줄이거나 오히려 단기 반등에 따른 수익을 얻을 수 있다. 투자 경험이 쌓일수록 주가가 하락할 때 의사 결정을 진행하는 것이 어렵다는 것을 느낄 것이다. 그리고 초보 투자자일수록 주가가 상승하는 경우보다 하락하는 경우를 더 많이 접하게 된다. 투자가 하락하는 상황에서 빠르게 의사 결정을 하기 위해서는 의사 결정을 하기 위한 근거가 필요하다. 특히 보유한 종목이 급락하면 의사 결정하기가 더욱 어렵다. 급락장에서는 해당 종목의 주가가 1초에 5% 이상 상승하고 하락하기 때문이다. 그러므로 투자자가 선택한 한 번의 매수, 매도 주문이 수천만 원의 수익 혹은 손실로 작용할 수 있다. 초보 투자자는 점진적으로 하락하는 경우뿐만 아니라 급락장에서 투자하는 상황을 애초에 만들지 않기 위해 사전에 많은 노력을 해야 한다.

만약 모멘텀이 장기적으로 지속될 것으로 보인다면 이 회사가 주력으로 하는 사업이 어떤 흐름으로 진행되고 있는지 파악해야 한다. 이를 위해서는 경제분석, 산업분석, 기업분석을 해야 한다. 이는 '기본적 분석'이라고도 한다.

예를 들어 태양광 관련 사업을 주력으로 하는 'OCI(010060)'에 투자한다고 가정해보자. 어떤 요인이 OCI라는 기업에 긍정적 혹은 부정적인 요소로 작용할까? 긍정적으로 작용할 요인부터 파악해보자. 우선 세계적으로 탄소배출권과 같은 환경에 관한 문제가 부각되면 친환경 기업에는 긍정적으로 작용할 것이다. 최근에는 파리기후협약을 맺는 등 환경 문제가 대두되고 신재생에너지가 이슈가 되고 있다. 실제로 환경 보호에 관한 이슈가 발생했을 때 신재생에너지 기업이 큰 수혜를 입을 수 있다. 신재생에너지 중에서도 '태양광'과 '풍력'이 주력으로 성장할 것으로 전망되기 때문에 관련 기업들의 주가가 큰 폭으로 상승한 예가 있다. 실제로 2015년 12월 파리기후협약 이전에는 OCI의 주력 상품인 '폴리실리콘'이 가격 하락에 영향을 받아 주가가 60,000원 선까지 하락했다. 이후 협약과 전 세계적으로 환경 문제가 대두됐고, 관련 이슈에 힘입어 주가가 100% 이상 상승했다.

이처럼 투자자가 장기 투자를 하기 위해서는 해당 기업에 영향을 줄 수 있는 경제 이슈(글로벌 흐름 등)를 반드시 체크해야 한다. 경제 이슈를 고려했으면 이제 산업별 흐름을 파악해야 한다. 태양광 사업에서는 폴리실리콘으로 불리는 기초 소재가 굉장히 중요하다. 폴리실리콘은 OCI 종목에서 전체 영업이익의 66.5% 이상을 차지할 정도로 비중이 크다. 기초 소재로 활용되는 물품이기 때문에 밸류 체인에서는 가장 하단에 위치해 있다. 따라서 폴

알아보기

밸류 체인

밸류 체인(가치 사슬)은 기업의 전략적 단위 활동을 구분한다. 가치 사슬은 회사가 행하는 모든 활동과 그 활동이 어떻게 반응하는지 파악하는 시스템 방법이다.

1장_주식투자 성공 비결 8원칙

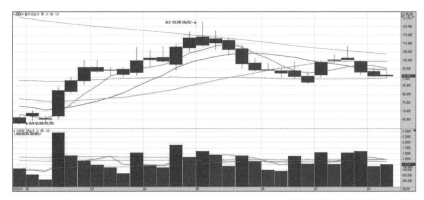

[2016. 01월 ~ 2016. 08월 OCI 주봉]

리실리콘의 수요는 해당 산업의 변화에 따라 민감하게 반응하며 해당 소재의 수요량이 달라진다. 태양광 부분이 큰 폭으로 상승하여 폴리실리콘의 수요가 상승했을 때 폴리실리콘의 공급이 수요에 비해 부족하다면 가격은 상승할 수밖에 없다. 그렇기 때문에 폴리실리콘의 가격 흐름은 태양광 시장의 흐름을 파악할 수 있는 중요한 척도가 된다. OCI는 2013~2015년 동안 폴리실리콘 치킨게임(가격경쟁)에서 살아남았다. 그리고 폴리실리콘 관련 기술이 세계 TOP 5에 들어갈 정도로 우수하다. OCI는 실적이 좋은 자회사를 매각하며 태양광 산업에 집중하겠다는 포부를 밝혔고 자회사 매각 자금을 활용해 태양광에 투자했다. 해당 부분을 투자자들은 긍정적으로 봤고 큰 주가의 상승을 보였다. 이렇듯 어떤 종목에 투자하기 전에는 적어도 경제 이슈가 해당 종목에 어떤 영향을 줄지 생각해야 한다. 산업적인 측면에서 봤을 땐, 현재 산업이 어떤 흐름으로 가고 있는지 전반적인 업계 현황은 어떤 방향으로 지속되고 있는지를 파악해야 한다. 마지막으로 각 개별적인 기업 모멘텀은 얼마나 갖고 있으며 해당 산업에서 어떤 경쟁력을 갖고 있는지 분석해야 한다. 투자하기 전에 투자자가 최소한 이 정도의 정보를 알지 못한다면 투자를 하지 않아야 한다.

만약 투자자가 OCI에 투자했다고 가정해보자. 만약 투자자가 치킨게임이 끝나가는 것을 파악하고 있고, 글로벌 이슈가 파리기후협약 등 친환경적인 흐름으로 나아가고 있다는 것을 알고 있었다면 오히려 주가가 하락했을 때 추가 매수를 하여 큰 수익을 봤을 것이다. 하지만 해당 정보를 전혀 알지 못하면 주가의 하락에 따라 물량을 정리하고 손실만 남았을 것이다. 단기적 이슈, 장기적 이슈 등을 빠르게 파악하기 위해서는 평소에 관련 뉴스를 체크하고 공시를 파악해야 한다.

투자자 성향을 파악하라

투자자는 주식투자를 하기 전에 두 가지 성향을 파악해야 한다. 먼저, 본인의 투자 성향을 알아야 한다. 주식 공부를 하다 보면 보통 투자자를 다섯 가지로 분류한다. 개인적으로는 세 가지로 나누면 충분하다고 생각한다. 우선 주가가 하락했을 때 투자자가 어떤 느낌을 받는지가 매우 중요하다. 사실 주식투자를 하다 보면 1%만 하락해도 어떻게 해야 하나 고민하는 사람이 있는 반면 10%가 떨어져도 덤덤하게 때를 기다리는 사람이 있다. 그렇기 때문에 -30%가 돼도 자신을 이성적으로 컨트롤할 수 있는 사람이라면 공격적인 투자를 감행해도 좋다. 만약 1~2%가 떨어지더라도 발을 동동 굴리는 사람이라면 우량주를 중심으로 투자를 진행하며 장기적인 관점으로 접근해야만 한다. 만약 전자의 경우라면 투자 금액을 1,000만 원 이상으로 유지해도 상관없다.

하지만 후자라면 투자 금액을 1,000만 원 이하로 진행하길 바란다.

물론 투자자가 우량주 투자를 할 때 1,000만 원으로는 몇 주 사지 못할 수도 있다. 하지만 약간의 손실에도 성급하게 의사 결정을 할 수 있는 투자 성향으로 봤을 땐 우량주 투자를 하는 것이 현명한 투자 방법이다. 앞서도 말했지만 투자라는 것은 원금을 한번 손실하면 본전을 찾기가 쉽지 않다. 그렇기 때문에 애초에 전체 투자 규모를 줄여 손실이 발생하더라도 최대한 타격을 입지 않게 유지하는 것이 중요하다. 무엇보다 투자자가 장기 투자를 진행해보면 다양한 대외 변수가 어떻게 주가에 영향을 주는지, 투자자들은 어떻게 반응을 하는지 파악하며 투자 노하우를 쌓을 수 있다. 노하우를 쌓은 이후에는 투자 금액을 올려도 괜찮다. 하지만 초보자 단계에서는 소액으로 투자하는 것을 적극적으로 추천한다. 주식투자에는 철저한 분석과 충분한 시간이 필요하다. 주가 변동에도 크게 흔들리지 않는 투자자라면 분석을 통해 단기, 중기, 장기 투자가 모두 가능하다. 포트폴리오를 구성하여 단기, 중기, 장기 투자 금액을 나눠 진행해도 좋다. 하지만 1~2%의 주가 변동에도 크게 흔들리는 투자자는 중장기 종목에 투자해야 하며 5% 이내로 기계적 손절을 통해 리스크 관리를 하는 것이 중요하다.

본인의 투자 성향을 파악했다면 그다음으로 투자하는 종목에 있는 투자자들의 성향을 파악해야 한다. 종목에 있는 투자자를 분석하라는 이야기는 각 종목별 존재하는 세력을 파악하라는 의미다. 해당 종목에 있는 투자자의 성향을 파악해야 하는 이유는 아무리 좋은 모멘텀이 있더라도 악질 투자자들이 있으면 주가가 상승하지 못하고 하락하기 때문이다. 호재에도 불구하고 주가가 하락하면 투자자는 심리적으로 불안감을 느끼게 되고 단기적으로 매도하며 손실을 줄이기 위해 노력할 것이다. 악질 투자자는 이런 초보 투자자들의 물량을 받아 큰 수익을 얻는다. 일반적으로 주식을 매수하면 주가가 하락하고 매도하면 주가가 상승하는 이유가 바로 이런 투자자의 성향을 모르기 때문이다. 만약 투자하면서 한 번이라도 본인이 매도하고 나서 주가가 급등하는 일을 겪어 본 적이 있다면 투자하는 종목에 있는 투자자들의 성향을 분석하지 않았기 때문이라고 생각하면 된다. 하지만 투자자의 성향을 파악하는 것은 생각보다 쉽지 않다.

그렇다면 어떻게 해야 투자자들의 성향을 파악할 수 있을까? 일반적으로 투자하기 전 해당 종목의 차트를 최소 5거래일은 지켜봐야 한다. 또한 과거의 호재가 발생했을 때 어떻게 주가가 움직였는지 세세하게 체크할 필요가 있다. 호재가 발생했는데도 주가가 하락했다면 종목의 세력이 몇 거래일 동안 주가를 하락시켰는지 혹은 얼마 동안 박스권의 움직임을 만들었는지 파악해야 한다. 투자자의 성향은 크게 바뀌지 않기 때문에 비슷한 이슈가 발생하면 유사한 차트의 흐름이 발생할 가능성이 크다. 반드시 나의 투자 성향과 투자하는 종목의 투자자 성향을 동시에 파악하자. 그렇게 해야만 리스크를 최소화하고 수익을 극대화할 수 있다.

차트를 분석하라

이전까지 종목에 대한 이슈, 전체적인 흐름을 파악했다면 차트를 분석해야 한다. 차트를 분석하기 위해서는 기본적으로 캔들이 무엇인지, 양봉, 음봉

알아보기

차트 분석은 3장을 참고하면 된다.

이 무엇인지를 이해해야 한다. 만약 주식을 정말 처음 하는 사람이라면 차트를 보는 법부터 익혀야 한다. 차트를 볼 수 있는 지식이 있다면 우선적으로 차트에서 단기적으로 상승할 수 있는 부분인지, 거래량은 어떻게 형성되어 있는지, 과거 급등할 땐 얼마나 많은 거래량을 수반했는지 등을 미리 파악해야 한다. 이에 대해 명확한 기준이 있어야 비슷한 흐름이 나올 때 정확한 매수, 매도를 진행할 수 있다.

아는 것이 힘! 지식은 성공 투자의 근원이다

1-2

투자자는 성공적인 주식투자를 위해 항상 공부해야 한다. 사실 공부를 하지 않고 투자에서 대박을 터뜨릴 수 있다면 아무도 공부를 하거나 정보를 얻으려 하지 않을 것이다. 소수의 사람을 제외하고 세상에서 공부하는 것을 좋아하는 사람은 거의 없다고 생각한다. 하지만 '아는 것이 힘이다'라는 이야기가 있듯 주식 시장에서도 많은 정보를 습득한 사람, 많은 경험을 갖고 있는 사람이 유리할 수밖에 없다. 그렇기 때문에 투자자는 큰 수익을 얻기 위해 주식투자에 도움이 되는 공부를 해야 한다.

일반적으로 주식은 제로섬(zero-sum) 게임이라고 할 수 있다. 제로섬 게임을 쉽게 표현하면 누군가 일정 부분 수익을 보는 만큼 다른 누군가는 손해를 본다는 것이다. 우리는 주식투자를 할 때 너무나도 쉽게 수익을 얻을 수 있다고 생각하고 접근한다. 앞서 설명한 것과 같이 주식에 투자하기 위해서는

[삼성전기 일봉]

기본적으로 그 주식에 영향을 주는 경제, 산업, 기업분석을 선행해야 한다. 그 이후 투자하려는 기업에 대한 모멘텀을 분석해야 하고 투자에 영향을 줄 만한 중요한 공시가 있는지 확인해야 한다. 전문투자자는 앞서 이야기한 다섯 가지를 살펴본 뒤 차트 분석을 진행하며 실질적으로 투자할 포인트를 잡는다. 기업이 좋은 모멘텀을 갖고 있더라도 투자자의 투자심리가 얼어붙어 있다면 즉각적으로 주가는 움직이지 않기 때문이다. 그렇기 때문에 투자자는 좋은 모멘텀이 있어도 지금 투자하려는 시점이 적절한 매수, 매도 타이밍인지 항상 체크해야 한다.

예를 한번 들어보자. 위 그림은 삼성전기(009150) 차트다. 만약 현재 시점에서 어떤 투자자가 투자를 고려하고 있다고 생각해보자. 만약 투자 분석을 많이 진행하지 않은 사람이라면 "어? 현재 시점은 주가가 많이 상승한 상황이네? 게다가 지금 주가는 하락하고 있으니까 앞으로도 하락할 가능성이 더 크겠네. 투자하지 말아야지"라고 생각할 것이다.

주식투자에 대한 분석(공부)을 지속적으로 한 사람의 경우는 어떨까? 이 투자자는 우선적으로 경제 이슈, 산업 이슈, 개별 기업 이슈를 체크하고 해당 기업의 주가가 현재 지속적으로 상승할 수 있는 모멘텀이 있는지를 먼저 파악한다. 현재 시점(2018년 2분기)을 기준으로 기사를 찾아보면 삼성전기는 MLCC(적층세라믹콘덴서)라는 부품의 수요가 전 세계적으로 늘어나고 있는 추세다. MLCC 관련 기업은 MLCC의 공급 부족이 지속됨에 따라 가격 상승까지 이어져 사상 최대 실적을 기록하고 이후로도 호실적이 기대되는 상황이다. 주식의 가치는 다소 시기의 차이가 있을 수 있지만 일반적으로 주가와 실적은 동조화 현상이 일어난다. 따라서 기업의 실적이 지속적으로 상승하고 있고 상승할 예정이라면 주가도 지속적으로 상승할 수밖에 없다.

알아보기

MLCC

전기제품에 쓰이는 콘덴서의 한 종류로 금속판 사이에 전기를 유도하는 물질을 넣어 전기를 저장했다가 필요에 따라 안정적으로 회로에 공급하는 기능을 한다.

실제로 삼성전기의 주가는 이후에 상승했다(36쪽 차트 참고). 물론 주식투자를 위해 체계적으로 분석을 진행했다고 모든 투자에서 성공하는 것은 아니다. 하지만 주식투자를 위해 분석하는 행동은 투자를 진행하며 발생할 수 있는 리스크를 최소화한다는 점에서 의미가 있다. 결국 분석은 리스크를 최소화하면서 최대한 많은 이익을 얻을 수 있기 때문에 투자자가 반드시 진행해야 한다. 정확한 분석을 하고 이를 활용하여 적절한 의사 결정을 하기 위해서는 투자 기업에 대한 다양한 정보가 필요하다. 문제는 공부하지 않으면 무엇이 필요한지조차도 알 수 없다는 것이다. "위험한 것은 내가 위험하다는 것을 알고 있으면서 아무것도 하지 않는 것이지만 진정 위험한 것은 내가 위험한 사실을 전혀 모르는 것"이라는 말이 있다. 이처럼 주식에 대해 전반적으로 이해하고 투자하는 것이 매우 중요하다.

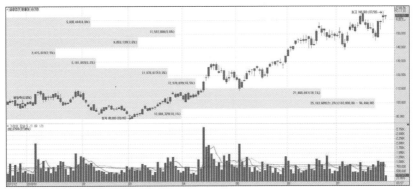

[삼성전기 일봉]

　물론 애널리스트처럼 종목을 세세하게 분석하는 것은 어려울 수 있다. 애널리스트가 분석한 자료는 '애프앤가이드'와 같은 금융 정보업체에 금액을 지불하고 얻을 수도 있고 증권사에서 무료로 배포하는 것을 참고할 수 있다. 다만, 보고서를 봐도 그중에 어떤 정보가 중요한 정보이고 어떻게 이 정보를 활용하여 투자할지 알아야 의미가 있다. 투자자가 삼성전기라는 종목을 잘 알지 못하더라도 큰 흐름만 파악한다면 투자에 도움이 된다는 것을 위 사례를 통해 확인했다. 만약 투자자가 더욱 많은 정보를 갖고 있었다면 상승하는 흐름 속에서도 가장 최적의 매수 포인트를 찾아내 더 큰 수익을 얻을 수 있었을 것이다.

　일반적으로 투자하기 전에 투자 종목을 분석하지 않은 사람은 주변 사람의 말을 듣고 투자하거나 단순히 '감'에 의존하여 투자하는 경우가 많다. 투자는 자신의 결정으로 진행하는 것이며 모든 손실에 대한 책임은 투자자에게 있다. 한번의 선택이 큰 손실로 이어질 수 있기 때문에 타인이 이야기해준 내

[OCI 일봉]

용이 투자에 얼마나 중요한 정보인지, 정보의 노출은 어느 정도인지 반드시
확인해야 한다. 해당 기업에 대한 기본적인 정보도 알지 못하고, 향후 주가가
상승할 만한 요인도 모르는 사람이 적절한 의사 결정을 할 수 있을까? 아무
정보도 모르고 투자하는 것은 거듭 강조하지만 '투자'가 아니라 '투기'라는 것
을 다시 한번 명심하자.

　이번에는 태양광 관련 기업으로 유명한 OCI(010060)를 예로 들어보자.
위와 같이 차트 상황으로 보면 OCI는 큰 폭으로 상승했던 종목이다.

　그리고 차트의 흐름을 보면 OCI는 큰 폭의 상승 이후 조정을 받는 상황
이다. 이 기업에 투자하려는 투자자가 우선적으로 파악해야 하는 내용은 "왜
주가가 하락했지?"에 대한 부분이다. 어떤 요인으로 실적이 악화됐는지, 주력
제품이 왜 부진했는지 확인해야 한다. 그리고 부정적인 이슈가 기업 실적에
단기적으로 작용할지 아니면 중장기적으로 작용할지 파악해야 한다.

　　　　　　　　　　　　　　　　　　　　　　　1장_주식투자 성공 비결 8원칙

알아보기

지지선

주가 그래프에서 주가의 저점과 저점을 연결한 직선을 뜻한다. 주가는 어느 수준까지 하락하면 매수 세력이 늘어나며 주가의 하락이 멈추는 구간이 발생한다. 이 구간을 지지선이라 한다.

이 시점에서 분석을 진행한 투자자는 "음, 현재 OCI의 흐름을 보면 지지선을 이탈한 상황이고, 차트 흐름이 하락 추세로 변경됐네. 대외 변수뿐만 아니라 현재 흐름이 좋지 않기 때문에 주가가 추가로 하락할 가능성이 크겠어"라고 판단할 것이다. 사전에 분석을 하지 않은 투자자라면 만약 주변 사람이 "현재 OCI는 낙폭과대야. 곧 주가는 반등이 나올 수밖에 없는 상황이야"라고 말하면 투자를 진행할 것이다.

이후 주식의 흐름은 어떻게 됐을까? OCI는 이후 고점 대비 거의 50% 하락한 가격대까지 가격이 폭락했다. OCI는 태양광 규제 및 대외적인 환경, 기초 소재인 폴리실리콘의 가격 하락으로 실적에 큰 악영향을 받았고, 성장성에 대한 우려감이 지속되면서 주가가 하락했다. OCI의 상황을 조금이라도 아는 사람이라면 단기간에 물량을 정리하고 현금을 보유한 상태로 매수 기회를 지속적으로 체크하고 있었을 것이다.

이렇듯 공부를 한 사람과 공부를 하지 않은 사람은 단기간에 50%의 수익률 차이가 발생할 수 있다. 만약 투자 금액의 50%의 손실을 얻으면 100%가 넘는 수익을 기록해야 본전을 이룰 수 있다. 초보 투자자가 100%의 수익률을 만들어내는 것도 십만 명 중에 한 명 나올까 말까 한 확률이고 더 추가 손실을 보지 않는다는 보장도 없다.

주식에서 알아야 할 큰 뼈대는 3일이면 파악할 수 있다. 뼈대는 금방 알수 있지만 지속적으로 공부하고 노력해야만 노하우가 쌓이고 이를 활용하여 실패율을 낮출 수 있다. 3일 만에 초보자가 하는 실수는 하지 않는다 하더라도 경험이 부족하기 때문에 시장이 급격히 악화되거나 변동이 생길 때 손실을 볼 수 있다. 필자는 강의를 나가면 주식을 시작하기 전 1년 동안은 경제 동향, 경제 이슈, 기본적 분석, 기술적 분석, 자신만의 투자 기법을 만드는 시간으로 활용하라고 한다. 1년 중 9개월 정도 공부를 한 이후부터는 3개월 동안 모의투자를 신중하게 진행하고 매매일지를 작성하고 난 뒤에 실전 투자로 진입하는 것을 권한다. 우리는 너무나도 소중하게 모은 돈을 허망하게 잃는다. 그리고 큰돈으로 너무나도 쉽게 매수, 매도를 진행한다. 결국 손실을 통해 얻는 불이익은 투자자 본인이 짊어지고 가야 한다는 것을 잊지 않았으면 좋겠다.

무엇보다 주식을 공부하는 이유는 자신만의 투자 방법을 만들기 위해서다. 자신만의 주식투자 기법을 만들기 위해서는 주식에 대한 이해가 반드시 선행되어야 한다. 주식 시장에서는 주가를 흔들리게 만드는 수많은 요인이 있다. 자신만의 투자 기법으로 주식 시장에 대응한다면 유사한 이슈가 발생했을 때 빠르게 대응할 수 있고 의사 결정에 대한 자신감도 생긴다.

예를 한번 들어보자. 일반적으로 20일선(20 이동평균선)이 60일선(60 이동평균선)을 상향 돌파하는 것을 소위 '골든크로스'라고 부른다. 골든크로스는 많은 사람이 강한 매수를 해야 하는 시점으로 안다. 이 용어가 발생된 이유도 주식투자를 연구하는 사람이 일정한 조건하에 투자를 진행해봤고 확률로 따질 때 상승할 가능성이 크기 때문에 널리 알려진 것이다.

[OCI 일봉]

차트를 보면, 20일선이 60일선을 상향 돌파한 이후 주가가 큰 폭으로 상
승했다. 이처럼 매수 시점으로 잡는 수많은 기법 및 포인트가 있다. 하지만 해
당 포인트나 기법이 모두 자신에게 잘 맞는 것은 아니다. 자신의 투자 성향
과 투자 기법이 다르기 때문이다. 만약 모든 의사 결정을 비슷하게 진행한다
면 확률이 높은 것이 아니라 20일선이 60일선을 상향 돌파하면 무조건 상승
한다는 기법이 생겼을 것이다. 하지만 20일선이 60일선을 상향 돌파하더라
도 실제로 주가가 움직이지 않은 사례도 너무나도 많다. 많은 투자자가 이미
알고 있는 기법이나 내용을 역으로 활용하여 투자심리를 악화시키는 방향으
로 활용하기 때문이다. 물론 기본적으로는 해당 기업의 산업적 이슈, 경제적
이슈, 기업 모멘텀 등을 파악하여 투자 포인트를 정해야 한다. 기본적인 분석
은 유사한 정보를 얻을 수 있기 때문에 모두 다 같은 수준으로 분석을 진행하
면 수익에서 큰 차이가 발생하기 어렵다. 하지만 기술적인 분석은 투자자별
로 주시하는 포인트가 각각 다르기 때문에 투자 포인트 이후 흐름은 하늘과
땅 차이로 달라질 수 있다. A라는 투자자와 B라는 투자자가 같은 종목을 같

은 날 진입하더라도 수익률이 다르게 나타나는 이유가 바로 이 때문이다.

주식은 공부하는 만큼 원금 손실에 대한 리스크는 낮아지고 투자 수익률은 높아진다. 물론 경제학 박사들도 주식에서 실패하지 않느냐는 반론을 할 수 있다. 하지만 그분들이 경제학 쪽에서는 전문가일지 모르지만 투자자들의 성향, 심리 부분 등 기술적인 부분에서 정통하지 않을 수 있다. 앞서 이야기했지만 주식투자는 정말 수많은 분야의 공부를 진행해야 한다. 주식에서 공부란 '손실에 대한 가능성을 최대한 줄이는 행동'이라 생각하면 된다.

주식투자는 결국 전쟁을 하는 것과 같다. 만약 전략적 요충지인 A산을 점령해야 한다고 가정해보자. A산은 계곡이 많고 매복 지역이 많아 소수의 병력으로 대군을 상대할 수 있는 지역이다. 만약 A산을 공략하는 데 정찰이나 전략 같은 것을 정하지 않고 무작정 공격해 들어간다면 어떻게 될까? 아마 전멸하고 전쟁에서는 패배할 것이다. 주식도 마찬가지다. 결국 투자자가 얻은 자료를 분석하는 것은 전쟁에서 이기기 위해 전략을 짜는 것과 같다고 생각해야 한다. 전쟁에서 승리하더라도 아군의 피해를 최소화하려는 지휘관과 같이 투자에서도 손실을 줄이기 위해 반드시 공부하고 분석하는 습관을 갖도록 하자.

    주식 초보자가 가장 많이 하는 실수 중 하나는 바로 '욕심'을 부리는 것이다. 투자자는 금액에 상관없이 일정한 수익을 얻으면 미래의 수익을 상상하기 시작한다. 이 수익률이 지속되면 "얼마나 벌 수 있을까?"라고 생각한다. 예를 들어 A투자자가 500만 원의 자본금으로 투자를 시작했는데 5%의 수익이 발생했다고 가정해보자. 전체 투자 금액 500만 원에 5%의 수익이 발생했기 때문에 총 25만 원의 수익이 난다. 이 수익률이 유지되면 한 달도 되지 않아 원금 2배 이상의 수익을 얻을 수 있다. 투자자가 이렇게 빠르게 돈을 벌 수 있다는 생각을 하는 순간부터 욕심이 생기고 투자에 실패하기 시작한다. 사람 마음은 모두 똑같다. 수익률이 5%에서 10%로 늘어나길 바라고 20%가 넘어가면 더 좋겠다고 생각한다. 이처럼 더 많은 수익을 바라게 되면 문제가 발생한다.

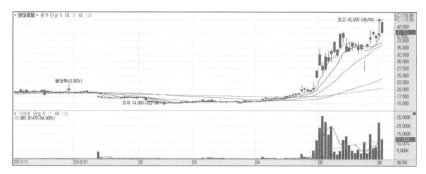

[현대로템 일봉]

현대로템(064350)을 예로 들어보자. 현대로템은 필자가 실제로 강의할 때 상담했던 종목 중 하나다. 현대로템은 2018년 4월부터 남북경협 관련 주가 남북 관계 개선에 대한 수혜 기대감으로 끝도 없이 상승했다.

현대로템은 급등 전 주가가 20,000원 선에서 움직였기 때문에 최고가인 현재 시점으로 수익률을 계산하면 100%가 훌쩍 넘는 상승을 단기간에 기록했다. 문제는 이렇게 주가가 급상승했을 때 수익 실현을 하며 매도해야 하는데 투자자는 그러지 못했다. 그 이유는 바로 욕심 때문이다. 단기간에 워낙 많이 상승했고 분위기가 좋았기 때문에 해당 기업이 더 큰 폭으로 상승할 것으로 기대했다. 혹시나 "더 급등하는 것이 아닐까?", "급등하게 되면 더 많은 수익이 생길 텐데"라는 생각 때문에 적절한 시점에 의사 결정을 하지 못했다. 하지만 그 이후 어떻게 됐을까?

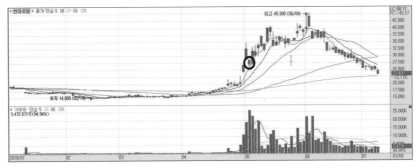

[현대로템 일봉]

　끝도 없이 상승할 것이라고 기대했던 현대로템은 고점 이후 끝없이 하락하는 모습을 보였다. 현대로템의 주가가 하락한 이유는 2018년 6월 12일 북미 싱가포르 정상회담이 종료되며 남북 관계에 대한 중요한 모멘텀이 사라졌기 때문이다. 현대로템은 남북경협 이슈에 워낙 큰 폭으로 상승했다. 따라서 단기적으로 남북 관계 개선에 대한 부분을 확인할 만한 이벤트가 사라졌고, 수익 실현과 모멘텀이 사라짐에 따라 단기적으로 큰 물량이 쏟아져 나오며 주가의 하락을 견인했다. 검은색으로 표시된 부분이 상담했던 투자자의 매수 시점인데 주가가 하락했을 때 충분히 매도하며 수익 실현을 할 수 있었다. 하지만 다시 상승할 것이라는 욕심이 발목을 잡았고 결국 매수 시점보다 오히려 하락하는 가격대까지 보유하며 손실을 입었다.

　일반적으로 주식투자에서 많은 수익을 내기 위해서는 철저한 사전 준비가 필요하다. 하지만 초보 투자자는 기본적으로 주식에 대한 지식이 전혀 없기 때문에 사전 준비가 미흡할 수밖에 없다. 수익 실현을 하여 리스크를 줄여

[LG디스플레이 일봉]

야 하는 상황에서도 투자한 기업의 주가가 더욱 상승하리라는 기대감 때문에 수익을 보지 못하고 오히려 손실을 보게 되는 경우도 많다. 그나마 상승하던 주식에서 이런 일이 발생하면 손실 폭이 크지 않기 때문에 속은 쓰려도 다음 기회를 노릴 수 있다. 문제는 하락했을 때다. "곧 내가 선택한 종목은 본전이 될 거야"라는 생각 때문에 리스크 헤지를 해야 하는 상황에서도 그러지 못하고 손해를 키우기도 한다.

만약 LG디스플레이에 투자한 투자자가 반등이 나올 것이라는 기대감에 휩싸여서 계속 보유했다면 위의 차트처럼 엄청난 손실을 기록하였을 것이다.

주식에서 성공하기 위해서는 욕심을 버려야 한다. 투자자는 기계적으로 자신이 분석한 만큼만 거래하고 나와야 한다. 주식 시장에서 우리가 매 순간 매일 투자할 수 있는 종목은 약 2천 개에 달한다. 시장에서는 하루에 수백 가지의 종목이 상승하고 그 이상의 종목이 하락한다. 즉, 내가 현금을 보유하고 있다면 상승할 가능성이 있는 기업이 수백 가지나 있고 언제든지 투자할 수 있기 때문에 급한 마음을 가지고 투자할 필요가 없다. 욕심을 버리고 천천히 손실 가능성을 최소화하며 투자를 진행하면 어느덧 불어난 계좌를 확인할 수 있다. 이 세상에는 처음부터 빠르게 달리는 사람도 없고, 첫 날갯짓에 나는 새도 없다. 느긋한 마음을 가지고 천천히 그리고 꾸준히 수익을 내는 것에 익숙해지자. 익숙해지다 보면 큰 수익은 따라오게 된다.

투자자가 욕심을 버리기 위해서는 '목표가'를 반드시 설정해야 한다. 그리고 투자자는 투자한 기업이 목표가를 달성하면 전 물량을 수익 실현하고 다시 투자 포인트를 잡거나 목표가에 도달하는 순간 보유 비중을 축소하여 이후의 흐름에 대응할 수 있는 자금을 만들어야 한다.

목표가를 선정하는 방법

① 기업의 가치를 판단하여 해당 주가가 적정한지 파악한다.

② 차트상으로 전 고점이나 매물이 많은 지점을 확인하여 의미 있는 지점을 찾고 해당 부분을 목표가로 설정한다.

③ 이평선을 활용하여 목표주가를 선정한다. 목표가는 기본적 분석, 기술적 분석 각각으로도 선정이 가능하고 둘을 동시에 활용해서도 설정할 수 있다.

[카카오 일봉]

카카오(035720)에 투자한다고 가정하고 목표가를 설정하는 방법을 알아
보자. 2018년 8월 10일 기준으로 125,500원의 가격대에 현재 주가가 위치
해 있다. 현재 카카오의 주가는 일정한 박스권 안에서 움직이고 있다. 주가는
이중 바닥을 형성한 뒤 주가가 반등이 나오는 상황이다. 차트상에 카카오의
주가는 전 고점까지 두 번의 매물 라인이 있기 때문에 1차 목표가는 매물대
상단인 131,000원 지점으로 설정한다. 2차 목표가는 전 고점 근처 부근인
145,000원까지 설정한다. 목표가를 나눠서 설정하는 이유는 보
유 비중을 조절하여 리스크 관리를 진행하기 위해서다. 목표가를
설정하면 주가가 상승한다고 생각하는 것과 같다. 그렇기 때문에
투자자는 오를 가능성을 열어놓고 주가의 움직임에 대비해야 한
다. 일반적으로 저평가 주로 부각되지 않는 한 현재 주가는 정적
주가와 일치하는 경우가 많다. 따라서 저평가를 활용하여 목표가
를 설정하기 위해 적정 주가 산출 방법뿐만 아니라 시장에서 확
인한 저평가 종목을 파악해야 한다.

1장_주식투자 성공 비결 8원칙

소문난 잔치에 먹을 것 없다

주식 초보자가 가장 많이 하는 실수 하나는 바로 '남의 말만 듣고 투자하는 것'이다. 주식투자를 하다 보면 "OO 씨 증권사 홍길동 씨가 추천한 종목인데 이거 뭐 대박이 터질 종목이야. 빨리 투자해. 곧 급등할 거야. 나도 엄청 투자했어"라는 식의 말을 자주 듣는다. 혹은 "이건 정말 회사 기밀 정보인데"라고 시작하는 말을 듣기도 한다. 물론 가끔 이 정보로 대박이 나는 경우도 있다. 하지만 과연 몇 명이나 대박을 터뜨릴 수 있을까? 개인적으로 십만 명에 한 명이 있을까 말까 하다고 본다. 만약 주변에서 누군가 대박 소식에 대해 이야기한다면 의심해야 하고 해당 정보가 사실인지, 현재 주가에 얼마나 반영이 됐는지를 파악해야 한다. 그렇게 대단한 종목이고 수익이 엄청나게 날 종목이면 자신이 빚을 내서라도 올인할 텐데 그렇게 하지 않는다는 것은 이유가 있다는 말이다. 물론 가족이 추천해줬거나 정말 목숨을 나눌 수 있는 친구가 준 정보라면 믿을 수 있을지 모른다. 하지만 그 정보에 대해서는 반드시 확인하고 조심해야 한다.

예를 들어 A 기업의 대규모 수주 사업에 관한 이슈 소식을 들었다고 가정하자. 신문과 뉴스에 해당 소식이 나오지 않는다면 과연 이 소식은 기밀일까 아닐까? 답은 아닐 확률이 높다. 소위 찌라시로 사전에 알려지는 정보는 해당 기업에 오랜 기간 투자해온 강성 주주들은 이미 파악하고 있을 가능성이 크다. 그리고 투자자가 실제로 기업을 방문하거나 기업의 IR 행사 때 방문하여 정보를 얻을 수도 있다. 아니면 기업에 다니는 현직 직원에게 이야기를 들을 수도 있다. 이처럼 정보를 얻는 루트는 너무나도 많다. 만약 A 기업에서 얻은 정보가 고급 정보라고 할지라도 만약 그 사람들이 각각 자신의 지인에게 정보를 공유하는 순간 해당 내용은 빠르게 많은 사람에게 공개된다. 그렇기 때문에 투자자가 언제 정보를 입수했는지 여부가 중요하다. 사람들은 재테크에 관심이 많다. 아무래도 돈이 되는 정보는 빠르게 퍼져 나갈 수밖에 없다. 투자자는 정보가 시장에 얼마나 노출됐는지, 해당 기업의 주가에 얼마나 반영되었는지 사전에 반드시 파악해야 한다.

남의 말만 듣고 투자하면 안 되는 또 다른 이유가 있다. 같은 정보를 입수하더라도 투자하는 시점이 다르기 때문이다. 현대로템(064350)을 다시 한번 보자.

다음 차트(50쪽 차트 참고)에서 동그라미로 표시한 곳은 일반 사람들이 가장 많이 선택하는 투자 시점이다. 투자 시점에 따라 투자 결과는 너무나도 다르게 나타난다. 첫 번째 투자 시점은 투자자가 현대로템이 급등하기 전에 매수하는 것이다. 사실 주가가 급등하기 전에 투자하는 사람은 충분한 분석을 했거나 해당 종목에 오랜 기간 투자를 진행해왔을 가능성이 크다. 통상적으로

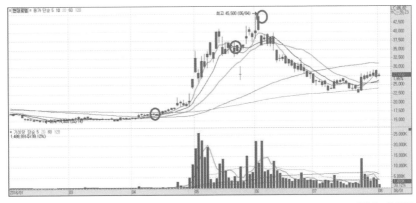

[현대로템 일봉]

현대로템을 매수하는 경우는 두 번째 시점처럼 이미 상승하고 조정이 나오는 중간 부분이나 세 번째 시점처럼 가장 마지막 부근인 경우가 많다. 뒤늦게 이슈를 파악하고 더 상승할 것 같은 기대감에 매수하지만 결국 얼마 되지 않아 주가는 급락하고 큰 손실을 입게 된다.

정보의 진위 여부를 파악하는 방법

1. 관련 뉴스를 검색한다.

투자자가 현대건설 '수주 기대감'에 대한 정보를 입수했다고 가정해보자. 우선 네이버에서 '현대건설 수주'를 치고 [뉴스] 탭으로 이동하자.

해당 이슈는 이미 뉴스에 노출된 상황이라는 것을 파악할 수 있다. 이 시점에서 투자자는 수주에 대한 정보가 얼마나 오랜 기간 알려졌고, 얼마나 많은 사람이 파악하고 있을지 판단해야 한다. 그리고 주가에는 해당 정보가 얼마나 반영되어 있는지 확인해야 한다. 최근 건설업 동향을 살펴보면 건설 업

계에서 수주에 대한 기대감이 커지고 있는 상황인 것을 확인할 수 있다.

현대건설(000720)은 2018년 4월 이후 남북경협에 긍정적인 영향을 받아 주가가 큰 폭으로 상승했다. 그 이후 이슈가 소멸되면서 단기적으로 차익실현 매물이 쏟아져 나왔고 주가는 상승하기 전 가격대까지 낮아진 모습을 볼 수 있다. 현대건설은 호실적을 기록하고 분양 물량 등 개별 이슈에 대한 긍정적인 평가로 주가가 반등이 나오는 상황이다. 최근 현대건설의 움직임이 좋아지고 있기 때문에 외국인 투자자들과 기관 투자자들도 매도하는 것보다는 매수하는 방향으로 투자를 진행하고 있다. 현시점으로 보면 현대건설은 수주에 대한 이슈는 정보는 있으나 아직 가시화되지 않았고, 실질적으로 공사를 시작하면 해당 부분이 '실적'에 긍정적인 영향을 줄 수 있는 상황이다. 따라서 투자자는 현대건설을 긴 호흡으로 지켜봐야 하는 상황이라는 것을 판단할 수 있다.

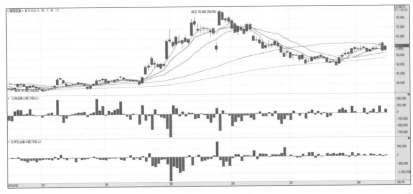

[현대건설 일봉]

알아보기

공시나 재무제표에 관해 자세한 정보를 얻기를 원한다면 전자공시시스템(dart.fss.or.kr)에서 정보를 검색하면 된다.

2. [네이버 증권] – [공시] 탭에서 관련 정보를 검색한다.

투자자가 현대건설에 대한 공시 정보를 얻었다고 가정해보자. 관련 내용을 파악하기 위해 [네이버 증권] – [뉴스] – [투자정보] – [공시정보] 탭에 가서 '현대건설'을 검색한다. 현대건설을 검색하면 현대건설에 대한 공시 내용이 나온다.

해당 공시와 관련된 내용들을 살펴보고 현대건설은 과거에 어떤 공시가 있었고 해당 정보가 주가에 얼마나 크게 반영됐는지 파악하면 좋다. 해당 공시를 클릭하여 들어가면 공시에 대한 세부 내용도 파악할 수 있다. 투자자는 공시에 대한 내용을 파악하고 관련된 뉴스가 나온 것이 있는지 확인해보고 투자에 활용할 수 있다.

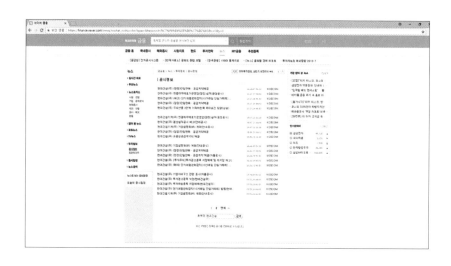

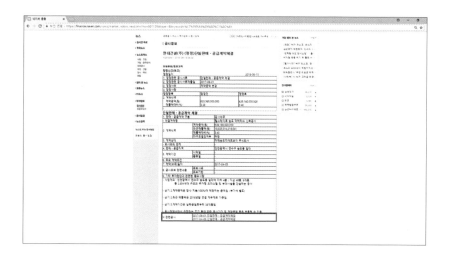

1장_주식투자 성공 비결 8원칙

3. 회사 IR 담당자에게 해당 정보에 대해 물어본다.

회사 IR 담당자에게 전화해서 해당 사실을 확인한다. IR 담당자가 모든 질문에 해답을 내주지는 않는다. 하지만 해당 내용을 물어보는 도중에 관련된 정보에 관한 소스는 얻을 수 있다. IR 담당자 전화번호는 회사 대표번호를 통해 알아보는 것보다 키움증권 영웅문에서 찾는 것이 수월하다. 정보를 얻는 것뿐만 아니라 투자하기 전에 IR 담당자에게 현재 주가의 흐름이 어떤지, 회사 상황은 어떤지 물어보고 투자하면 도움이 된다. 투자하기 전에 정보를 확인하는 습관을 지속적으로 유지한다면 성공적인 투자를 진행할 수 있다.

알아보기

키움증권 HTS를 처음 실행해본다면 5-2장[키움증권 영웅문, HTS 둘러보기]을 참고하면 된다.

IR 담당자의 전화번호를 얻는 방법은 [키움 현재] 창에서 '기' 부분을 클릭한 뒤 기업개요란을 선택하면 다음과 같이 확인할 수 있다.

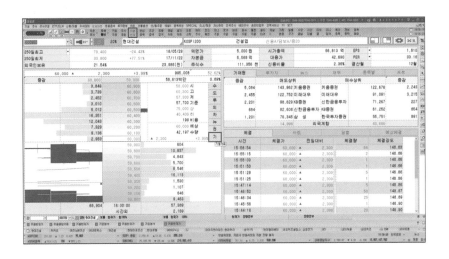

투자를 하다 보면 투자가 잘되는 시기가 온다. 이때 투자자가 가장 조심해야 할 것이 '자만심'과 '과잉 확신'이다. 주식투자는 꾸준히 연구하고 분석해야 한다. 투자를 진행하며 언제든지 리스크는 발생할 수 있기 때문이다. 소위 전문가로 불리는 사람도 종종 잘 아는 종목이라 생각하여 투자하기 전에 분석하지 않고 감으로 투자했다가 큰 실패를 겪기도 한다. 물론 일반적으로 전문가는 기본적 분석을 통해 회사의 재무상태와 건전성을 파악하고 모멘텀 분석과 기술적 분석을 통해 매매 시점을 파악하고 투자한다. 문제는 확실한 모멘텀이 발생했을 때 발생한다.

네오위즈(095660)를 예로 들어보자. 네오위즈는 MMORPG 게임인 '블레스'에 대한 이슈로 주가가 크게 상승했다. 다만 실제로 게임을 오픈하고 나서 주가가 큰 폭으로 하락했다. 이 시점에서 많은 투자자가 과잉 확신을 하여 투

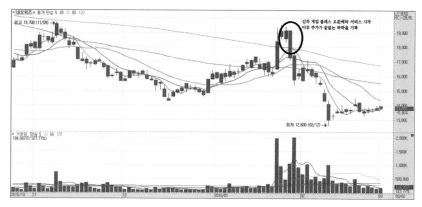

[네오위즈 일봉]

자에 실패하는 모습을 확인할 수 있다. 네오위즈가 준비한 블레스는 7년 동안
준비한 MMORPG로 많은 사람에게 기대를 받았다. 그리고 과거 MMORPG
로 흥행한 '아이온'이나 '블소'처럼 출시 이후 주가가 상승할 것이라 기대하고
많은 투자자가 투자했다. 하지만 실제로는 주가는 출시 이후 큰 폭으로 하락했
고 많은 투자자에게 실망감과 손실을 안겼다. 네오위즈에 투자한 투자자가 과
잉 확신을 하지 않고 빠르게 대응했다면 손실의 폭을 줄일 수 있었을 것이다.

　　일반적으로 투자자는 실적이 흑자전환하거나 크게 상승할 가능성이 큰
경우 주가가 상승할 것이라 생각한다. 다만 이런 이슈는 주가에 선반영되는
경우가 많다. 단기 투자자들도 주가의 하락에 영향을 준다. 강성 주주들은 단
기 투자자들이 자신의 종목에 와서 수익을 얻는 것을 좋아하지 않는다. 따라
서 단기 투자자들을 배제하기 위해 좋은 이슈가 발생해도 주가를 하락시키고
투자심리를 흔드는 경우가 많다. 주가가 크게 상승하기 위해서는 상승 중에

물량 정리가 나오면 안 되기 때문이다. 이처럼 투자를 진행하다 보면 많은 변수가 발생한다. 만약 네오위즈의 예처럼 투자자가 과잉 확신을 하고 미수 혹은 스탁 론을 활용하여 투자했다면 큰 손실을 볼 수밖에 없다. 물론 좋은 이슈가 나오면 언젠가는 주가가 상승한다. 다만 투자자가 그 시기까지 견딜 수 있는지가 문제다.

투자하는 동안에 한 종목에 오랜 기간 자금이 묶이는 것은 그 시간만큼 기회비용이 발생한다는 것을 의미한다. 만약 A 투자자가 네오위즈 이후 상승 가능성이 있는 종목을 이미 분석해놓았다면 기회비용은 더 커질 수밖에 없다. 투자자는 항상 자신이 그린 시나리오대로 주가가 움직이지 않을 가능성도 열어둬야 한다. 주식에 100%란 없다. 그렇기 때문에 종목의 주가가 예상대로 움직이지 않았을 때 어떻게 행동할지 생각해야 한다.

네오위즈에 투자한다고 가정해보자. 현재 주가는 오른쪽 차트와 같다. 네오위즈는 이중 바닥이 형성되어 있고 주가가 횡보하고 있다. 가격 조정이 충분히 있었기 때문에 주가는 이후 상승할 가능성이 크다. 실제로 네오위즈는 이후 5% 이상 상승하는 모습을 보였고 의미 있는 양봉이 나타났다.

이중 바닥의 패턴이 나온 이후 일정 기간 횡보하며 의미 있는 상승이 나타나면 주가가 급등하는 사례가 많다. 해당 차트의 내용은 네오위즈의 2018년 1월과 5월 차트 흐름을 보면 확인할 수 있다.

네오위즈처럼 상승할 가능성이 큰 패턴이 발생했다면 어떻게 투자할 것

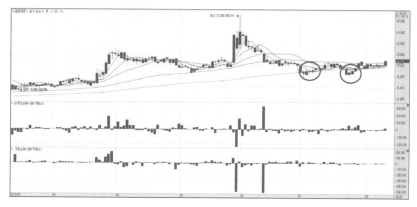

[네오위즈 일봉]

인가? 상승할 가능성이 크기 때문에 무작정 투자해야 할까? 만약 투자자가 해당 시점에서 네오위즈 종목에 무작정 투자했으면 큰 손실을 입었을 것이다. 주가는 이후 3거래일 연속 하락하는 모습을 보였다. 만약 투자자가 해당 시점에서 주가가 상승할 것만 생각하고 투자했다면 대응을 잘하지 못했을 것이다. 하지만 투자자가 이중 바닥이 나타나고, 의미 있는 양봉이 발생했지만 주가가 하락할 수 있다고 가정하고 투자했다면 어땠을까? 투자자가 단기적인 하락을 대비해 3% 혹은 5%의 기계적인 손절라인을 설정하고 투자에 임했다면 3거래일 동안 손실 폭은 15%가 아니라 기계적 손절로 설정한 %까지 손실을 보고 손실의 폭을 제한했을 것이다.

　　주식 시장에서는 언제든지 주가가 단기간에 빠질 수 있기 때문에 투자자는 어떻게 대응할지 항상 생각해야 한다. 네오위즈의 주가가 하락한 이유는 다음과 같다. 게임 업계는 대형 게임주의 실적이 부진하고 차기작이 지연됨에 따라 전반적인 흐름이 부진한 상황이다. 대형주에 영향을 받아 중소형 게임주도 주가가 하락했고 연중 최저가 부근에서 움직이고 있다. 게임 업종에 대한 투자심리를 긍정적으로 바꿀 만한 이슈가 없기 때문에 한동안은 부진한 흐름이 유지될 것으로 전망된다. 게다가 게임 업계는 주 52시간 근무제 도입에 따라 인력 수급이 더욱 어려워질 수 있는 상황이다. 인력난이 심화됨에 따라 신작 출시는 지속적으로 지연될 가능성이 커지고 있다. 대형 게임주는 자본으로 어떻게든 인력을 확보할 수 있지만 중소형 게임주는 인력 수급에 어려움을 겪을 수밖에 없다. 따라서 근무 시간 변동은 중소형 게임주에게 더 크게 악영향을 미칠 것이다. 이런 상황에서 게임 업종에 투자를 한다면 투자자는 투자 플랜 A, B로 대응하는 것이 좋다. 플랜 A, B는 투자자에 따라 달라질 수 있다. 예를 들어 투자자는 단기적인 업계 현황이 좋지 않기 때문에 기술적인 반등을 노리고 투자하는 방법을 활용할 수 있다. 혹은 해당 기업을 '저평가' 상태로 평가해서 중장기적인 관점으로 매수하고 대응할 수도 있다. 이처럼 투자하기 전에 어떤 식으로 투자 이후 의사 결정을 진행할 것인지 미리 생각하고 투자하면 더욱 성공적인 투자를 할 수 있다.

우리는 주식투자를 할 때 생각보다 종목을 비교하거나 분석하지 않는다. 그러나 우리는 일상적인 물품을 구매할 때나 여행을 가는 경우에는 어떤 마트가 가격이 저렴한지, 어떤 여행사가 혜택이 좋은지 비교하고 분석한다. 온라인 사이트를 활용하여 비교·분석을 하고, 직접 대형마트나 여행사를 방문하여 알아본다. 이처럼 우리가 어떤 새로운 것을 하기 위해서는 일정한 노력을 한다. 하지만 주식 시장에서는 투자자가 이런 행동을 하지 않는다. 비교·분석을 하는 것과 하지 않는 것은 이후 투자 성과에서 큰 차이가 발생한다.

육계 대표 기업 중 하나인 마니커(027740)를 추천받아 매수하려는 상황이라 가정해보자. 육계 종목은 같은 이슈에 비슷하게 움직이는 경향이 있다. 따라서 만약 마니커를 매수하려고 생각한다면 관련 주인 하림(136480)과 동우팜투테이블(088910) 등 같은 업종에서 상위를 다투는 종목을 반드시 체크해야 한다.

실제로 차트를 확인해야 업종별 흐름에서 어떤 종목이 차이를 갖는지 파악할 수 있고, 이를 활용하여 전략적인 투자전략을 세울 수 있다. 차트를 살펴보면 하림과 동우팜투테이블의 차트 흐름이 유사하다는 것을 파악할 수 있다. 이와 반대로 마니커의 경우 주가의 추세 흐름은 비슷하지만 하림과 동우팜투테이블과 달리 차트 흐름이 짧고 변동이 크다는 것을 파악할 수 있다. 각 차트를 살펴보는 것만으로도 육계주 중에서 마니커가 다른 종목보다 등락 폭이 크고 상승 중에 기관 투자자의 물량에 따라 가격 조정이 발생한다는 것을 확인할 수 있다. 이를 활용하여 투자를 진행하면 업계에 긍정적인 이슈가 발생했을 때, 마니커를 먼저 매수하여 일정 부분의 수익을 얻고 이후 하림과 동우팜투테이블로 옮겨 추가적인 수익을 얻는 전략을 펼칠 수 있다.

차트를 분석한 이후 매수한다면 어떤 종목으로 진행하는 것이 좋을까? 우선 마니커부터 살펴보자. 마니커의 경우는 주가가 120일선 위에서 움직임을 보이고 있고 주가가 급등하기 전 가격대까지 하락한 상황이다. 마니커의 주가가 만약 120일선 위에 안착한다면 단기적인 반등이 나올 수 있는 위치다.

하림의 경우에는 주가가 하락하고 있고 단기 이평선 역시 역배열 모습을 보이고 있다. 역배열 상태로 유지되고 있기 때문에 주가는 추가적인 하락이 가능한 상황이다. 그렇기 때문에 현재 시점에서 매수하지 않고 향후 흐름을 지켜보고 투자를 결정해야 한다.

동우팜투테이블은 이평선이 모여 있고, 단기 이평선 사이에서 주가가 움직이고 있기 때문에 급등이 가능한 상황이다. 만약 주가가 상승하는 흐름을

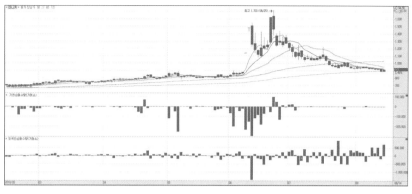

[마니커 일봉]

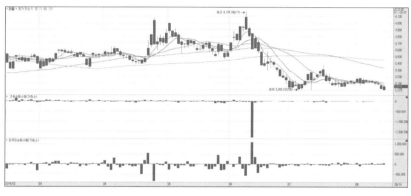

[하림 일봉]

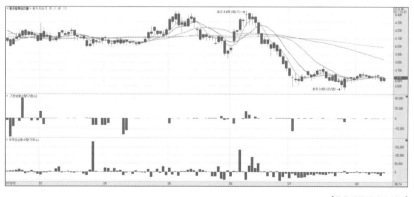

[동우팜투테이블 일봉]

1장_주식투자 성공 비결 8원칙

보인다면 단기적으로 60일선까지는 오를 가능성을 열고 접근하면 된다. 이처럼 투자자는 각 종목을 비교·분석하여 마니커를 매수하지 않고 단기적으로 급등이 나올 수 있는 동우팜투테이블을 매수할 수도 있다.

주식 시장에서는 특정 이슈에 따라 강한 흐름을 받는 종목이 있고, 생각보다 이슈에 영향을 받지 않는 종목이 있다. 남북경협주로 예를 들어보자. 코리아에스이(101670)의 경우 남북경협에 대한 이슈로 상승했지만 대장주인 현대건설(000720)이나 남광토건(000720) 등 다른 종목과 비교했을 때 상승 폭이 낮다는 것을 파악할 수 있다. 현대건설과 남광토건은 주가가 2배 이상 급등하는 모습을 보였지만 코리아에스이는 1.4배 정도 상승하는 모습에 그쳤다. 물론 현대건설이나 남광토건보다 남북경협 이슈로 더 상승한 종목도 있다. 이처럼 같은 이슈로 주가에 영향을 받아도 종목별로 영향을 받는 정도가 다를 수 있다. 그렇기 때문에 종목을 투자하기 전에 맞수 기업이나 경쟁사를 파악하여 투자 시점과 투자 종목을 선택하면 성공적인 투자를 진행할 수 있다.

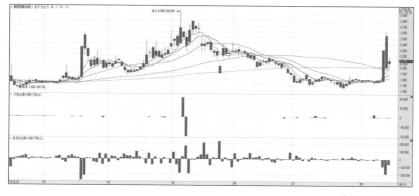

[코리아에스이 일봉]

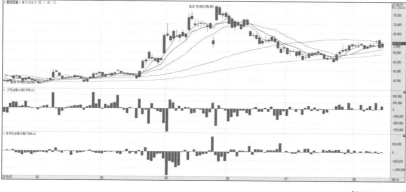

[현대건설 일봉]

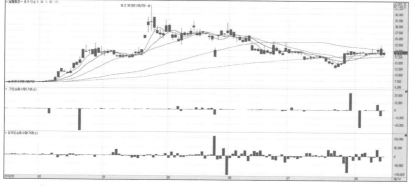

[남광토건 일봉]

성공 투자의 시작은
자기 분석이다

성공적인 투자를 하기 위해서는 자기 자신을 먼저 알아야 한다. 자신의 투자 성향을 모르면 적절한 투자전략을 세울 수 없기 때문이다. 자신의 투자 성향을 모르고 투자하는 것은 남의 말만 듣고 투자하는 것처럼 위험할 수 있다. 그렇다면 자신의 투자 성향을 파악해야 하는 이유는 무엇일까? 각기 다른 투자 성향을 가진 투자자의 예를 들어보자.

A 투자자는 주가가 3% 이상 하락해도 심장이 벌렁거리고 견디기 힘들어한다. 만약 A에게 급등주 투자를 권유하면 어떻게 될까? 단기적인 급등락에 투자자는 큰 스트레스를 받을 것이고, 투자한 종목이 단기적으로 손실 폭을 키우면 버티지 못하고 손절할 가능성이 크다. 반면 B 투자자는 단기적으로 수익이 나지 않으면 견디기 힘들어한다. B는 성격이 급하기 때문에 빠르게 움직이는 종목을 선호한다. B에게 2년 이상 장기 투자해야 하는 종목을 추천

하면 어떻게 될까? 아마 B는 지루함에 버티지 못하고 해당 종목을 정리할 것이다. 성향에 맞지 않는 종목에 들어가서 큰 손실을 보지 않으면 다행이지만 한 번이라도 큰 손실을 경험하게 되면 본전을 찾기 위해 무리하기 때문에 악순환이 시작된다.

만약 자신이 100만 원의 자금으로 투자를 진행하고 있는데 이번에 투자 성향이 맞지 않은 종목을 매수하여 단기적으로 10%의 손실을 입고 손절했다고 가정해보자. 10%의 손실이 발생하면 이를 회복하기 위해 나는 12%의 수익을 얻어야 한다. 문제는 손실을 입은 이후 투자가 반드시 성공한다는 보장이 없다는 것이다. 만약 다른 종목으로 편입해서 또 소폭의 손실이 발생하면 첫 투자 자금을 회복하는 일이 점점 어려워진다. 특히 초보 투자자일수록 상황은 어려울 수밖에 없다. 초보 투자자가 손실 이후 12% 이상 수익을 발생할 확률은 천 명 중에 한 명이 있을까 말까 한 확률이다. 무리한 투자를 통해 손실을 보는 악순환이 반복되면 주식투자를 시작한지 3개월도 되지 않아 자본금은 반 토막 이상이 날아가고 쓸쓸히 주식 시장을 이탈하게 된다.

물론 자신의 투자 성향을 모르는 투자자가 모두 다 실패하지는 않는다. 하지만 본인의 투자 성향을 잘 모르고 성향에 맞지 않은 투자를 진행한 사람은 시간이 지날수록 투자에 어려움을 겪는다는 것을 알아야 한다. 일반적으로 주식투자에서는 투자자 성향을 다섯 가지로 나눈다. 본 책에서는 투자자를 '안정형 투자자', '일반적인 투자자', '위험 추구형 투자자'로 크게 세 가지 성향으로 나누었다.

1장_주식투자 성공 비결 8원칙

안정형 투자자는 조금만 주가가 급등락해도 긴장하고 불안해하는 사람이다. 그렇기 때문에 안정형 투자자는 3년 이상 장기 투자하는 종목으로 포트폴리오를 구성하면 좋다. 예를 들면 삼성전자(005930), POSCO(005490), LG생활건강(051900) 등 우량하고 시가총액이 높고 큰 변동성이 없는 종목이다. 안정형 투자자의 경우 차트의 흐름을 지속적으로 보면 불안하여 성급한 매매를 할 가능성이 크다. 그렇기 때문에 개장 시점에 한 번, 마감 시점에 한 번 확인하여 투자하는 방식을 고수하면 합리적인 의사 결정을 진행할 수 있다. 물론 하루에 두 번 확인하면 단기적인 급등의 경우 최적의 시점에 매매 결정을 할 수는 없다. 안정형 투자자는 장기적인 투자 관점으로 접근하기 때문에 단기적인 급등에는 크게 신경을 쓰지 않아도 된다.

실제로 안정형 투자자가 어떻게 투자하면 좋을지 삼성전자를 예로 들어보자. 장 초반에 매매 의사 결정을 하기 위해서는 10분봉을 확인해야 한다. 다음 차트는 삼성전자의 10분봉이다. 차트를 살펴보면 시가는 44,950원이고 장중 저점은 44,650원이다. 즉, 삼성전자의 시가는 장중 저가이기 때문에 이후 주가는 상승할 가능성이 크고, 실제로 주가는 상승했다. 장 초반의 흐름과 장 마감의 주가 흐름을 한번 살펴보자. 큰 이슈가 없었기 때문에 시가와 종가의 변동성이 크게 없다는 것을 확인할 수 있다.

2018. 08. 14일 삼성전자 10분봉으로 주가의 흐름을 살펴봐도 주가의 큰 변동성이 없다는 것을 알 수 있다. 이처럼 우량주는 주가가 상승할 만한 모멘텀이 발생하지 않는 이상 투자자가 장 초반과 장 마감 부분에만 주가의 흐름을 파악해도 충분히 투자할 수 있기 때문에 어려움이 없다.

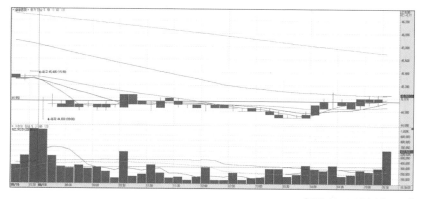

[2018. 08. 13. 삼성전자 10분봉]

[2018. 08. 14. 삼성전자 10분봉]

이번에는 일반적인 투자자 성향을 가진 투자자에게 맞는 투자 방법을 알아보자. 일반적인 투자자는 짧게는 한 달, 길게는 1년 단위로 투자 기간을 생각하면 된다. 일반적인 투자자 성향의 사람들은 단기 스윙이나 낙폭과대 종목 위주로 접근하면 좋다. 상승하고 있는 종목에 접근하는 것보다는 바닥을 다지고 다시 상승하기 시작하는 종목에 투자하는 것이 유리하다. 고점에서 움직이는 종목은 상승 흐름이 유지되며 큰 폭으로 상승할 수 있지만 언제든지 소화

1장_주식투자 성공 비결 8원칙

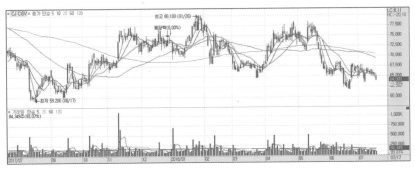

[CJ CGV 일봉]

물량이 나올 수 있으므로 주가의 조정이 올 수 있다. 단기적으로 손실이 20%
이상 발생할 수 있기 때문에 리스크 관리를 위해 리스크가 큰 종목은 지양하
는 것이 좋다. 예를 들어 CJ CGV(079160)와 같은 종목에 투자하면 좋다.

위험 추구형 성향을 가진 투자자는 데일리 투자부터 일주일 정도 짧은 기
간에 투자하는 것을 추천한다. 물론 한 달 정도 여유를 갖고 진입하면 더욱 좋
다. 너무 급하게 기간을 설정하면 대외 변수가 발생했을 때 단기 대응을 하기
힘들기 때문이다. 위험 추구형 투자자는 한 번에 급등을 노리기보다는 3~5%
의 수익을 여러 번 발생시켜 전체적인 수익률을 높이는 전략을 유지하면 된
다. 다만 상승 추세에 있거나 급등주에 투자해야 하므로 손절라인은 타이트
하게 유지하여 항상 리스크 관리를 진행해야 한다. 위험 추구형 투자자는 모
멘텀, 급등주, 테마주 등 다양한 종목 분야에 투자하는 게 가능하다. 다만 위
험 추구형 성향이라 하더라도 전문투자자처럼 차트를 지속적으로 체크할 수
없다면 일반적인 투자자형과 유사하게 투자를 진행하는 게 낫다. 이 유형의

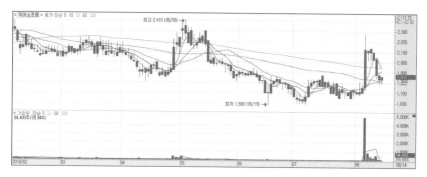

[지어소프트 일봉]

투자자는 지어소프트(051160)와 같은 특징주에 투자하는 것이 좋다. 지어소프트는 단기간에 주가가 크게 움직이는 종목이다. 특별한 이슈가 발생하여 급등하기보다는 기술적인 흐름에 따라 주가의 상승이 나온다. 지어소프트와 같은 급등주는 개인투자자가 주로 투자하며, '단타쟁이'로 불리는 투자자가 세력으로 주가의 흐름에 큰 영향을 준다.

체크리스트

다음은 투자 성향을 파악하기 위한 체크리스트다. 물론 자신의 성향과 완벽하게 맞지는 않겠지만 해당 개수에 따라 자신의 성향을 확인해본 후 그에 맞는 투자를 진행하면 좋다.

1장_주식투자 성공 비결 8원칙

1. 차트를 지켜보는 것이 즐겁다.

2. 주식에 관한 정보를 수집하는 것이 즐겁다.

3. 주가가 20%씩 급락해도 아무렇지 않다.

4. 성격이 차분하다.

5. 감각적으로 투자하는 것을 좋아한다.

6. 매일 주식을 보지 않으면 괴롭다.

7. 보통 일을 무리하게 진행하는 편이다.

8. 결단력이 좋다.

9. 비교·분석을 잘하는 편이다.

10. 투자를 위해 대출을 할 수 있다.

11. 나의 생각이 옳다고 생각하면 끝까지 고수한다.

12. 자기주장이 강하다.

13. 모험심이 강하다.

14. 2보 전진을 위해 1보 후퇴를 해도 상관없다.

15. 운이 좋다.

....

1~4개– 안정형 투자자

5~8개– 일반적인 투자자

9개 이상– 위험 추구형 투자자

성공 투자의 기반은 여유 자금이다

　성공적인 투자의 기반은 여유 자금에서 나온다. 여유 자금의 중요성을 인식하기 위해서는 재테크의 기본적인 개념을 이해해야 한다. 재테크란 무엇인가? 재테크란 '일정 기간 동안 자금을 투자하여 수익을 얻는 행위'를 의미한다. 자신이 갖고 있는 '여유' 자금을 활용하여 은행에 있는 이자 수익보다 더 큰 수익을 안정적으로 얻으면 성공한 재테크라 할 수 있다. 물론 수익의 폭이 크면 클수록 좋은 투자 방법임에는 틀림없다.

　무수히 많은 사람이 지금 이 순간에도 재테크를 하고 있다. 하지만 과연 여유 자금으로 투자하는 사람이 얼마나 될까? 아마 여유 자금으로 투자하는 투자자는 소수일 것이라 생각한다. 우리는 투자를 하기 위해 반드시 여유 자금을 만들어야 한다. 투자하다 보면 급하게 돈을 사용해야 할 일이 생긴다. 만약 이때 여유 자금이 없어 투자 자금을 회수해야 한다면 단기간에 큰 손실을 입을 수밖에 없다.

긴 시간 동안 일정하게 저축한 사람이 아니라면 여유 자금을 만드는 데 시간이 필요하다. 앞으로 우리는 여유 자금을 만들기 위해 돈을 어떻게 쓸지 명확하게 계획해야 한다. 고정적인 수입과 지출액을 분석하고 사용하는 금액 중 줄일 수 있는 부분은 줄여야 한다. 만약 여유 자금으로 투자하지 않으면 다음 예시처럼 투자에 실패하게 된다.

4개월 뒤 대학교 등록금 600만 원을 내야 하는 A 학생이 있다고 가정해 보자. 이 학생은 반드시 4개월 뒤 새로운 학기가 시작될 때 등록금을 내야 한다. A 학생의 엄마는 주식투자를 꾸준히 진행해왔다. A의 엄마는 등록금을 내기까지 4개월이라는 시간이 있는 것을 알고 있고, 지인이 최근 급등할 수 있는 종목이 있다고 이야기해 투자 자금이 필요한 상황이었다. A의 엄마는 "아무개 씨가 추천했기 때문에 신뢰가 가. 그리고 해당 종목은 좋은 모멘텀을 갖고 있을 거야"라고 생각하고 등록금을 투자하는 데 사용했다. 물론 A의 엄마는 4개월 정도면 충분히 수익을 보고 돈을 회수할 수 있다고 생각하고 투자를 진행했을 것이다. 하지만 주식 시장이 생각한 대로 움직이는 곳이 아니다. 추천받은 종목은 글로벌 리스크가 발생하여 단기적으로 주가가 하락했다. 아직까지는 시간이 있기 때문에 A의 엄마는 차분하게 기다렸다. 하지만 시간이 흘러도 악재는 계속됐고 주가는 지속적으로 하락했다. 점점 등록금을 내야 하는 시기가 다가오며 A의 엄마는 눈물을 머금고 해당 종목을 매도했다. 해당 종목에 투자해서 20%의 손실이 발생했기 때문에 등록금을 내기 전 손실을 만회하려고 다른 급등주에 다시 투자한다. 하지만 이번에도 추천받은 종

[엔씨소프트 일봉]

목이 움직임을 보이지 않고 A의 엄마는 눈물을 머금고 해당 종목을 매도했다. 손실이 발생한 부분은 돈을 빌려 등록금을 냈다. 하지만 등록금을 낸 이후 해당 종목이 시장에서 이슈가 됐고 단기적으로 급등하는 모습을 보였다. 아무개 씨는 이번 투자로 저번에 투자해서 발생한 손실을 회복했고 손실 폭보다 더욱 많은 수익을 이뤘다. 위 차트에서 A 엄마의 매수 시점과 매도 시점을 파악해보자.

A의 엄마와 같은 사례는 일반적인 투자자들 사이에서 많이 발생하는 현실적인 이야기다. 이처럼 투자는 손해를 보기 시작하면 단기간에 원금을 복구하는 것이 쉽지 않다. 실제로 우량주에서도 업황의 부재, 기업 자체의 악재가 발생하여 1년 이상 꾸준히 하락하는 일이 발생하기도 한다. 여유 자금으로 투자하지 않을 때의 가장 큰 문제는 단기적으로 발생한 손실을 회복하기 위해 무리를 한다는 것이다. 그리고 손절을 진행하는 것도 쉽지 않다. 손절은 결국 손실의 폭을 줄이는 대신 손실을 확정 짓는 행위이기 때문이다.

1장_주식투자 성공 비결 8원칙

여유 자금으로 투자하지 않으면 원활한 리스크 관리를 할 수 없다. 현재 주가가 하락하고 있지만 엔씨소프트(036570)의 예시처럼 1~2달 이후 주가가 오히려 상승하는 경우도 많이 발생한다. 문제는 여유 자금이 없으면 해당 금액을 사용해야 하기 때문에 기다릴 수 없는 투자를 하게 된다는 것이다. A의 사례처럼 대학교 등록금은 일정한 시기에 돈을 내지 않으면 학교를 다닐 수 없다. 공과금, 월세 등 다달이 필요한 돈도 마찬가지다. 투자를 진행할 때 대외적인 상황은 투자자의 개인적인 상황을 기다려주지 않는다는 사실을 반드시 인지해야 한다.

필자가 재테크 강의를 할 때 "여러분, 반드시 '여유 자금'으로 투자하세요"라고 이야기하면 목돈이 어디 하늘에서 떨어지냐는 말을 들을 때가 많다. 이쯤에서 투자 자금을 마련하기 위한 좋은 방법 네 가지를 소개해보겠다. 목돈을 한번에 마련하기는 쉽지 않다. 항상 자투리 돈을 모으고 지출되는 부분을 줄여야 목돈을 만들 수 있다. 그리고 주식 공부를 하며 아래와 같은 방법으로 모은 여유 자금은 자신의 노력으로 생긴 돈이기 때문에 실제 투자할 때도 더 신중하게 의사 결정을 할 수 있게 된다.

투자 자금을 마련하는 방법

1. 휴대폰 비용을 줄여라.

'데이터 사용'만 줄여도 충분히 휴대폰 비용을 줄일 수 있다. 일반적으로 무제한 요금제와 일반 저렴한 요금제의 경우 가격대 차이가 4~5만 원 정도다. 최근에는 거의 모든 지역에 공용 와이파이가 설치되어 있다. 게다가 기가 인터넷이 발전함에 따라 인터넷 공유기로 충분히 집뿐만 아니라 이동 중에도

와이파이를 사용할 수 있다. 휴대폰 비용을 한 달에 4~5만 원씩 줄이면 1년에 48만 원에서 60만 원의 돈을 절약할 수 있다.

2. 부업을 해라.

부업을 하라고 하면 "직장을 다니느라 시간도 없고 다른 기술도 없는데 무슨 부업이야?"라고 생각할 수 있다. 필자가 소개하는 부업은 '좌담회'라는 것이다. 좌담회는 리서치 회사에서 필요한 이슈에 관해 토론하고 본인이 느낀 점을 이야기하면 되는 알바다. 일일 알바로 진행되고 시간도 선택할 수 있다. 좌담회 시간은 차이가 있지만 짧게는 30분에서 길게는 3시간 정도다. 일반적으로 오전 10시부터 오후 10시 사이에 진행하기 때문에 퇴근 이후에도 충분히 좌담회를 할 수 있다. 좌담회를 통해 얻을 수 있는 돈은 2~3만 원 사이다. 보통 현금으로 지급하므로 바로 투자 자금으로 활용이 가능하다. 한 달에 한 번씩만 좌담회를 해도 1년에 약 30만 원의 금액을 모을 수 있다.

3. 캘린더 저축 방법을 활용하라.

캘린더 저축은 매일 금액을 늘려가며 돈을 모으는 방식이다. 1일에 1,000원을 입금하고 하루가 지날 때마다 1,000원씩 추가하여 저축하면 된다. 그럼 매달 31일째에는 31,000원을 저축해야 하고 한 달 동안 저축한 돈을 모으면 496,000원이 된다. 만약 캘린더 저축법을 12개월 동안 진행하면 1년에 5,952,000원의 돈을 모을 수 있다.

4. 소규모 저축을 하라.

1~5만 원 사이의 정기적금, 주택청약 등 다양한 상품을 지급 날짜를 나

뉘 가입한다. 소액으로 상품에 가입하면 신경은 쓰이지만 없어도 생활할 수 있는 돈이므로 자연스레 절약하며 돈은 모을 수 있다. 약간의 부담감을 느낄 수는 있지만 단기간 유지하다 보면 익숙해진다. 만약 3만 원짜리 상품 5개만 가입해도 1년이면 180만 원 이상의 돈을 모을 수 있다. 소규모 저축을 하게 되면 커피나 택시를 타는 등의 금액을 줄이고 저축하는 습관을 들이게 된다.

현명한 투자자의
6가지 기본자세와 지식

현명한 투자자는 투자에 임하는 자세부터 다르다. 일반적인 투자자는 투자를 중구난방으로 진행한다. 그리고 투자에 대한 의사 결정을 자주 바꾼다. 반복적으로 의사 결정을 변경하면 결과적으로 큰 차이가 발생할 수 있다. 본 장에서는 초보뿐만 아니라 대부분의 투자자가 잘 지키지 못하는 투자 자세를 알아보고 현명한 투자자의 기본자세와 지식을 익힌다. 현명한 투자자의 6가지의 기본자세를 꾸준히 유지한다면 적어도 일정 부분 이상의 수익을 거두는 성공적인 투자를 할 수 있다고 확신한다.

기다림을 즐길 줄 아는 사람이 큰 수익을 얻는다

2-1

투자자가 주식을 투자하는 과정에서 어려움을 겪는 두 가지가 있다. '손절'을 하는 것과 '기다리는 것'이다. 주식을 투자한 이후 여유롭게 기다리는 것은 전문가에게도 어렵긴 마찬가지다. 전문가는 현재 투자한 종목 외에도 주가가 상승할 종목이 많다는 것을 알고 있기 때문이다. 또 투자한 기업이 좋은 모멘텀을 갖고 있고 차트 흐름상 큰 주가 상승이 나타날 수 있지만 결과적으로 주가가 상승하지 않는 경우도 많이 있기 때문이다. 하지만 보통 전문가는 투자한 종목의 주가가 예측한대로 움직이지 않더라도 포트폴리오 구성을 통해 다른 종목으로 수익을 실현하며 기다리는 투자를 진행할 수 있다. 그러나 일반 투자자가 전문가와 똑같은 방식으로 투자하기란 쉽지 않다.

일반 투자자는 종목에 투자한 이후 얼마나 오래 기다려야 하는지, 기다리면 주가가 얼마나 상승할 것인지 잘 알지 못한다. 일반 투자자에게 "OO 종목을 왜 매수했나요?"라고 질문을 던지면 10명 중 9명은 "옆집 아무개가 추천했습니다" 혹은 "잘 모르지만 이 종목이 곧 급등할 것이라는 이야기를 들어서 매수했습니다"라고 답변한다. 투자의 세계로 들어온 이상 우리는 기다리는 것을 즐길 줄 알아야 한다. 사실 어떤 것이든지 시간을 투자하지 않으면 좋은 성과를 얻기 힘들다. 밥을 지을 때 '뜸'을 들이는 이유도 마찬가지다. 약간의 시간을 투자하여 맛을 더 돋우고 감칠맛이 나게 만들기 위해서다. 밥을 더 맛있게 먹으려면 약간의 시간을 더 투자해야 한다.

다음 차트는 다나와(119860)다. 다나와는 오랜 기간 주가가 횡보하다가 급등하기 시작했다. 주가가 상승하는 데 많은 시간이 걸렸지만 주가는 약 3배 이상 상승했다. 다나와처럼 주가는 항상 상승만 하지 않는다. 상승하면서도 꾸준히 급등락을 반복하며 투자자들의 심리를 흔들고 물량을 소화하며 상승한다. 오르는 것과 내리는 것이 반복되면서 지나고 나면 큰 흐름의 추세가 있을 뿐이다. 이처럼 주식에 투자하여 어떤 결과를 얻기 위해서는 상당한 시간을 투자해야 한다.

물론 뉴프라이드(900100)처럼 급등하는 경우도 있다. 뉴프라이드는 1,200원대에서 주가가 움직이다 13거래일 만에 6배로 주가 상승한 종목이다. 차트를 보면 주가가 단기간에 급등하고 다시 단기간에 빠지는 모습을 확인할 수 있다. 단기간에 주가가 하락하긴 했지만 기다림 끝에 큰 수익을 볼 수 있는 사례이기도 하다.

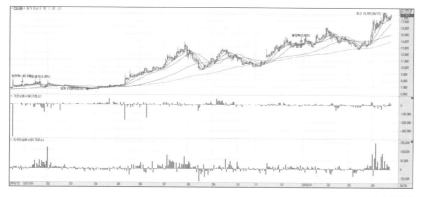

[다나와 일봉]

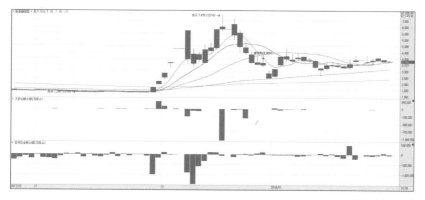

[뉴프라이드 일봉]

　물론 항상 기다린다고 해서 결과가 좋은 것은 아니다. LG디스플레이 (034220)는 고점을 찍은 이후 1년 내내 주가가 끊임없이 하락했다. 현재 주가가 하락한다고 해서 해당 종목이 나쁘다는 것은 아니다. 하지만 주가가 상승하고 하락하는 이유가 분명 있기 때문에 그 원인을 이해할 필요가 있다. 투자자가 차분하게 기다리기 위해서는 주가가 상승할 만한 요인이 무엇인지 알아야 한다.

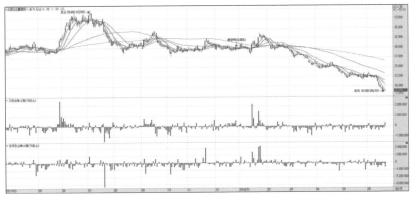

[LG디스플레이 일봉]

농사를 예로 들어보자. 농부가 농사를 짓는 이유는 1년 고생하면 가을에 많은 양의 곡물을 수확할 수 있다는 것을 알기 때문이다. 그렇기에 당장 결과물이 눈앞에 보이지는 않지만 미래에 발생할 결과물을 생각하며 노력한다.

또 한 예를 들어보자. 우리는 물이 100도에 끓는다는 것을 안다. 만약 "1,000L의 물을 가스레인지 하나로 끓일 수 있을까요?"라는 질문을 받으면 "끓일 수 있다"라고 답변한다. 물론 많은 양의 물이기 때문에 시간은 엄청 오래 걸릴 것이다. 필자는 물이 끓는다는 사실을 아는 사람을 전문가로 표현하고 싶다. 즉, 전문가는 투자한 종목이 상승하리라는 것을 알면 시간이 오래 걸리더라도 차분히 기다릴 줄 안다.

하지만 100도에 물이 끓는다는 사실을 모른다면 어떨까? 도대체 물이 언제 끓는 것인지, 정말 물이 끓긴 하는지 알 수가 없다. 실제 주식 시장에서는 투자자의 불안감을 조성하기 위해 주가를 일부로 하락시킨다. 초보 투자자는 잘 모르기 때문에 주가가 이유 없이 하락하는 상황이 발생하면 불안감에 주식을 매도한다. 하지만 물이 끓는 것을 아는 투자자들은 이때를 저가 매수 기회로 활용하여 큰 수익을 이룬다. 그렇기 때문에 내가 매도하면 주가가 상승하고, 내가 매수하면 주가가 하락하는 상황이 반복되는 것이다. 우리는 지금 아주 중요한 사실을 알았다. 주가가 상승할 만한 이유를 알지 못하면 기다리지 못한다는 것이다. 그렇다면 우리가 현명한 투자를 하기 위해 알아야 할 것은 무엇이 있을까? 투자 성향, 기본적 분석, 기술적 분석, 공시, 경제 지표, 경제 동향 등 최소 6개 이상이 있다. 투자에 성공하기 위해서는 정말 다양한 정보를 갖고 있어야 한다. 물의 사례처럼 우리는 앞으로 성공적인 투자를 위한 핵심 내용을 익힐 것이다.

투자 포인트가 명확해야 투자에 성공한다

평소에 100만 원 이상의 돈을 명확한 근거 없이 사용하는 사람이 있을까? 아마 국내 100대 부자 정도의 수준이 아니라면 100만 원 이상의 돈을 아무렇지 않게 사용하는 사람은 없을 것이다. 그러나 신기하게도 주식투자 시장에 들어오면 대부분의 투자자가 국내 100대 부자처럼 행동하기 시작한다. 주식 시장에서는 소액 투자자도 500만 원에서 1,000만 원 사이로 투자를 한다. 즉, 100만 원보다 훨씬 많은 돈을 주식투자에 사용한다는 것이다. 문제는 큰돈을 투자하지만 도대체 이 종목에 왜 투자하는지 명확하게 알고 투자하는 사람이 너무나도 적다는 사실이다. 게다가 분산투자를 하지 않아 굉장히 위험한 투자를 진행하고 있다. "이 종목에 왜 투자했나요?"라고 질문하면 "옆집 아무개가 이 종목은 대박 뉴스가 있고, 이에 따라 주가는 곧 급등할 거라고 했어요" 혹은 "지인이 말하길 단기간에 잘 오를 것 같다고 말해서 샀어요"라고 변명 아닌 변명을 한다.

한번 생각해보자. 여러분이 집이나 차를 살 때도 친구들이 좋다고 하면 수백 수천만 원을 사용할까? 아마 그렇지 않을 것이다. 자동차를 사면 차는 얻을 수 있으나 유지비, 등록세 등 추가적으로 비용이 발생하고 수익이 발생하지는 않기 때문에 쉽게 돈을 사용하지 않는다. 반면 왜 주식 시장에서는 이런 일이 벌어지는 걸까? 남의 말만 듣고 쉽게 돈을 투자하는 이유는 일정한 투자 금액을 사용했을 때 추가 수익을 얻을 수 있다고 판단하기 때문이다. 그렇기에 타인에게 너무나도 쉽게 설득된다.

예를 들어 우리가 남을 설득할 때를 생각해보자. 만약 사람들이 개구리가 10m를 뛰어오를 수 있다고 하면 믿을까? 전혀 믿지 않을 것이다. 하지만 개구리가 실제로 10m 뛰어오르는 것과 관련된 영상을 제공하면 어떨까? 믿지 않을 수 없을 것이다. 또 다른 예로 사람이 10m를 뛸 수 있게 하는 신약을 개발했으니 사용해보라고 하면 바로 복용하는 사람이 있을까? 아마 단연코 없을 것이다. 이처럼 우리가 설득을 하기 위해서는 반드시 '근거'가 필요하다. 투자할 때도 마찬가지다.

현대건설(000720) 차트를 보자. 현대건설은 실제로 매일경제TV에서 2018. 07. 26일에 방송했던 종목이다. 당시 현대건설을 긍정적으로 평가했는데 그 이유는 다음과 같다.

[2018. 07. 26. 현대건설 차트]

현대건설은 크게 남북경협 이슈, 주택 실적 양호, 해외 매출 정상화로 세 가지의 투자 포인트를 갖고 있다. 투자하면서 조심해야 할 부분은 환율이다. 현대건설은 대표적인 남북경협주로 손꼽힌다. 실제로 현대건설은 지난 4월 17일부터 남북경협에 대한 이슈로 지속적으로 큰 상승을 보였다. 업계에 따르면 북한 인프라 투자에는 약 1,400억 달러(150조 7,200억 원 규모)가 필요한 상황이다. 특히 남측과 밀접한 지역인 개성공단, 평양, 원상 등 인프라 사업만 해도 사업비가 30~35조 원에 달한다. 지난해 국내 철도, 도로, 항만 등의 규모를 합해도 14조 원 정도의 규모임을 보면 거대 시장이 열리게 된다. 건설 업계에서는 남북경협으로 특히 혜택을 받을 수 있는 종목을 '현대건설'로 꼽는다. 현대건설은 이미 1997년부터 2008년 북한에서 약 7,096억 원 규모의 건설공사를 수행한 바 있다. 현대건설은 금강산 개발, 개성공단, 체육관, 경수로 등으로 북한 내 가장 실적이 많은 업체다. 특히 현대건설은 현대아산 지분 7.5%를 보유한 2대 주주로 현대아산은 북한에 9억 4,200만 달러를 지급하고 2052년까지 독점적 토지이용 및 개발권을 가지고 있다. 만약 남북경협

재개로 다시 사업이 진행되면 지분 수익을 얻을 수 있는 상황이다. 게다가 현대건설은 국내 건설사 중 가장 안정적인 재무구조를 갖고 있다고 평가받고 있다. 그렇기 때문에 대북 사업과 같이 큰 사업을 추진할 때 아무래도 다른 건설사보다 유리할 수밖에 없다.

현대건설은 주택 부분에 대한 실적이 양호하다. 주택 관련된 부분도 자세히 살펴보면 현대건설은 2018년 상반기에 목표한 자체 주택 사업 분양을 모두 성공적으로 마쳤고 이에 따라 하반기부터 실질적인 실적 가시화가 이뤄졌다. 상반기 자체 주택 사업 분양을 모두 완료했기 때문에 하반기부터 공사를 시작하였고 공사가 진행됨에 따라 영업이익이 상승하였다. 이번에 현대건설이 추진하는 주택 공사는 '자체 주택 사업'이라는 사업이다. 자체 주택 사업은 건설사가 부지 선정부터, 건설, 분양까지 모두 맡아서 하는 사업을 말한다. 현대건설은 2018년 자체 주택 사업으로 분양 예정인 총 7,500세대 중 목표치인 6,000세대를 모두 분양 완료했다. 게다가 앞으로 자체 주택 공급을 확대할 예정이고 3년 동안 영업이익이 약 1,500~2,000억 원이 증가할 것으로 예상되고 있다. 2019년부터는 조 단위의 재건축 사업 공사를 바탕으로 수익성까지 개선될 예정이다. 재건축 사업을 진행하면 '도급 한도액'이라는 것을 늘릴 수 있다. 도급 한도액은 발주 회사로부터 공사 1건에 대한 최대 수주 가능 금액을 말하는 것인데, 도급 한도액이 높을수록 대규모 사업을 진행할 때 영업이익을 극대화할 수 있다. 현대건설은 개포 주공 1단지와 반포 주공 1단지 공사를 시작할 것으로 예상되고 있다. 특히 반포 주공 1단지는 사업비 약 10조 원, 공사비 약 2조 6,000억 원 규모로 국내 주택 재건축 사업 중 최대 규모에 해당하는 수치다.

2장_현명한 투자자의 6가지 기본자세와 지식

해외 수주도 하반기부터 좋아질 전망이다. 사우디아라비아 킹실만 조선소, 아랍에미리트 IGD 가스 처리 시설, 인도네시아 석탄화력발전소 등 해외 플랜트 발주가 기대되고 있다. 게다가 내전으로 중단됐던 리비아 지역 현장(약 8,600억 원 규모)의 공사 재개 가능성도 긍정적이다.

다만 이런 긍정적인 부분도 있지만 환율에 대한 리스크는 체크해야 한다. 최근(2018년 7월 26일 기준) 트럼프 미국 대통령이 중국 환율 조작 가능성을 이유로 약 달러를 주문했고, 이에 따라 원/달러 환율이 하락 기조로 전환될 수 있는 상황이다. 원화가 강세로 전환되면 건설사들이 해외 수주에서 가격 경쟁력 저하와 환차손 등으로 타격을 볼 수 있기 때문에 실적에는 일반적으로 부정적으로 작용한다. 7월 26일 트럼프 대통령이 트위터에 약 달러 정책을 주문하자 연속적으로 상승하던 환율이 하락 기조로 바뀌었다. 만약 미국의 환율 압박이 지속되어 원화 강세 폭이 커질 경우 해외 수주에는 부정적으로 작용할 수 있다. 특히 중국 건설기업들이 위안화 약세로 자금력을 앞세우게 된다면 국내 건설사들은 어려움에 처할 수밖에 없다. 일반적으로 일본, 유럽, 중국 등은 하드 커런시이기 때문에 상대적으로 우리나라에 비해 환율을 방어할 수단이 있기 때문이다. 또한 해외 수주 공사 대금을 달러로 받아 원화로 환전할 때 발생하는 환차손도 문제다. 대금을 받는 시점이 다르게 되면 초기보다 환율의 가치가 달라지기 때문이다. 만약 환율이 하락하면 당기순이익에서 큰 타격을 받을 수 있다. 실제로 지난해 영업이익은 9,861억 원에 달했지만, 실제로 당기순이익은 환율의 영향으로 전년 대비 49.22% 하락한 3,175억 원을 기록했다.

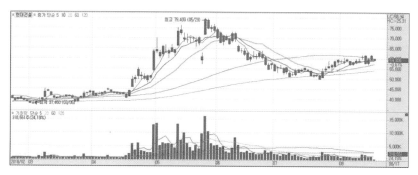

[2018. 08. 17. 현대건설 차트]

투자 포인트	리스크
남북경협 이슈	
국내 주택 실적 호조	환율문제
해외 실적 회복	

해당 포인트를 체크했으니 이제 목표가, 손절가, 매수가를 선정해야 한다. 만약 지금 시점에 매수한다고 가정했을 때 목표가와 손절가를 설정해보겠다. 현대건설은 6월 12일 하락할 때 갭이 생성되어 있다. 따라서 목표가는 72,000원을 해당 가격 라인까지 상승 가능성을 열어놓는 것이 좋다. 차트상으로 보면 단기 이동평균선이 모아지고 있고, 추세의 변화가 발생할 수 있는 구간이다. 현재 주가는 20일선 위에서 움직임을 보이고 있으니 60일선까지 1차 목표가로 선정한다. 손절라인은 120일선이 위치한 52,100원 부근을 종가상 이탈하면

알아보기

갭

주가가 급격하게 상승 혹은 하락하여 나타나는 차트의 빈 공간을 뜻한다.

2장_현명한 투자자의 6가지 기본자세와 지식

단기간에는 매도하며 대피하고 추후 흐름을 파악하여 재매수 시점을 찾는 것이 좋다. 투자를 진행하다 보면 주가가 생각한 것처럼 움직이지 않을 수 있다. 만약 분석한 대로 진행되지 않으면 예상과 다르게 움직인 이유가 무엇인지 체크하여 투자 포인트를 다시 한번 체크해야 한다.

이처럼 한 종목에 투자를 하기 전에는 명확한 투자 포인트와 투자했을 때 주의해야 할 리스크 부분을 체크해야 한다. 물론 초보일 땐 조사하고 투자 포인트를 찾는 것이 쉽지 않다. 하지만 이 투자 포인트를 찾는 노력을 반복하다 보면 빠르게 투자 포인트를 찾는 노하우를 얻을 수 있다. 이를 활용하여 투자자는 주력으로 투자하는 종목도 만들고, 자신의 투자 성향과 잘 맞는 기업까지도 발굴해낼 수 있다.

계란은 한 바구니에 담는 것이 아니다

투자에 관심이 있는 사람이라면 '분산투자를 하라'는 이야기는 많이 들어봤을 것이다. 우리가 분산투자를 하기 위해서는 분산투자가 무엇인지 명확하게 이해할 필요가 있다. 주식에서 분산투자라고 하면 투자하는 종목을 5개로 구성하거나 혹은 10개 이상의 종목에 투자 자금을 나눠서 투입하는 것으로 생각하는 경우가 많다. 여러 종목에 나눠서 투자하는 것은 투자 자금을 나눴기 때문에 분산투자라 할 수 있다. 하지만 주식에서의 분산투자는 다르게 접근해야 한다. 분산투자를 통해 최대한 위험을 줄이고 싶다면 투자하는 종목뿐만 아니라 산업도 다르게 구성해야 한다.

예를 한번 들어보자. G2 미중 무역전쟁에 대한 이슈가 나왔는데, 주식 포트폴리오를 만약 POSCO(005490), 현대제철(004020), 동국제강(001230), 고려제강(002240), 세아제강(003030)으로 구성했다고 가정해보자. 이 다섯 가지 종목은 모두 산업이 동일하기 때문에 무역전쟁 이슈에 같은 영향을 받는 것을 아래 차트를 통해 파악할 수 있다.

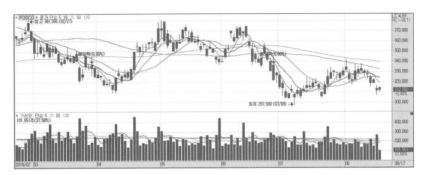

[POSCO 일봉]

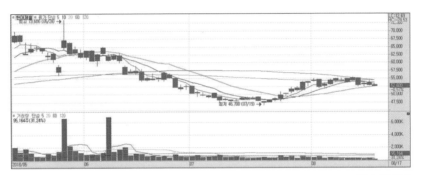

[현대제철 일봉]

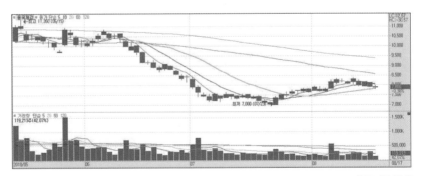

[동국제강 일봉]

[고려제강 일봉]

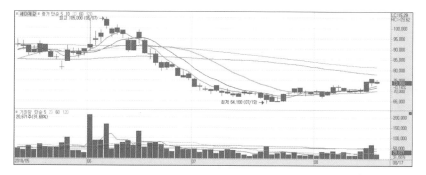

[세아제강 일봉]

　　종목만 나눈 포트폴리오에 대해 이야기해보자. 투자 자금을 다섯 가지 종목에 각각 20%씩 나눠 진행했기 때문에 분산투자가 맞다. 하지만 실제로 투자를 했다면 다섯 종목 모두 많은 손실을 입을 수밖에 없는 상황이다. 즉, 개별적인 기업의 모멘텀이 다르다면 주가의 흐름이 다르게 나타날 수 있지만 업계 전체에 큰 영향을 주는 이벤트가 발생했을 때 이와 같은 분산투자는 의미가 전혀 없어지게 된다.

　　만약 포트폴리오를 종목뿐만 아니라 산업까지 나눈다면 하나의 이슈로

2장_현명한 투자자의 6가지 기본자세와 지식

는 포트폴리오의 모든 종목이 부정적인 영향을 받지 않게 된다. 즉, 진정한 포트폴리오는 악재가 발생하더라도 포트폴리오 안에 있는 내용의 종목이 최소한으로 영향을 받아야 한다.

예를 들어 대외 변수가 무역전쟁 이슈라고 했을 때 만약 포트폴리오를 철강주, 엔터주, 게임주, 미디어주로 구성했다면 성공적인 포트폴리오라고 봐도 무방하다. 이해를 돕기 위해 종목을 구체적으로 확인해보자. 만약 포트폴리오를 POSCO(철강주), JYP엔터테인먼트(엔터주), 컴투스(게임주), 아프리카TV(미디어주) 등으로 구성했다고 가정해보자. 무역전쟁 이슈는 철강주인 POSCO에만 치중되어 악재로 작용하게 되고 나머지 세 가지 종목은 섹터와 산업이 다르기 때문에 무역전쟁 이슈에 크게 영향을 받지 않는다. 실제로 주가를 확인해봐도 철강주인 POSCO는 무역전쟁이 지속되는 동안 부정적인 영향을 받아 주가가 상당히 하락하는 모습을 보였다. POSCO의 경우 2018년 2월 관세에 대한 이슈가 발생한 이후 38만 원 부근에서 움직이고 있던 주가가 31만 원까지 하락하였다.

하지만 무역전쟁 이슈에 영향을 받지 않는 엔터주, 게임주, 미디어주의 경우 같은 기간에 오히려 주가가 많이 상승하는 모습을 보였다.

철강주는 지난 2월 이후 지속적으로 하락하는 모습을 보였지만 대표적인 엔터주 중에 하나인 JYP Ent.(035900)는 차트에서 보이는 모습과 같이 꾸준히 상승하는 흐름을 보여주고 있다. 미디어 관련 주인 아프리카TV(067160) 역시 마찬가지다. 아프리카TV도 월드컵 관련 방송 송출 등 다양한 이슈로 주

[POSCO 일봉]

[JYP Ent. 일봉]

가가 고점을 찍은 이후 현재 조정 구간에 있다. 하지만 JYP Ent.와 같이 무역 전쟁이 진행되는 동안 상승하는 흐름을 보였다.

결국 분산투자를 하는 이유는 '리스크'를 관리하기 위함이다. 위험은 크게 체계적인 위험과 비체계적인 위험으로 나뉜다. 체계적인 위험은 피할 수 없는 위험으로 무역전쟁, 브렉시트, 그렉시트, 9·11 테러 등 지정학적 리스크로 일반 투자자가 발생하는 원인을 차단하거나 대응하기 어렵다. 체계적인 위험은 일정한 산업 혹은 모든 산업에 부정적인 영향을 준다. 반면 비체계적

2장_현명한 투자자의 6가지 기본자세와 지식

인 위험은 투자자가 회피할 수 있기 때문에 노력하면 위험에 대처할 수 있다.

예를 들면 개별적인 실적이 좋지 않은 A 종목에 투자하고 있는데 A 종목은 지속적인 실적 악화로 상장폐지 위험에 있는 상황이라고 가정해보자. 투자자는 상장폐지라는 이슈를 실제로 상장폐지가 되기 전에 충분히 파악할 수 있다. 또 투자자는 관련된 이슈를 파악하고 서둘러 매도할 기회도 얻을 수 있을 것이다. 즉, 비체계적인 위험은 자신이 노력하면 손실을 줄일 기회가 얼마든지 있다. 기본적인 분석, 기술적인 분석, 공시 분석 등 기업에 관한 정보 수집을 통해서 대처가 가능하다.

지금까지 사람들이 일반적으로 아는 위험에 관해 이야기했다. 우리가 주식투자를 할 땐 또 다른 위험을 생각해야 한다. 바로 자기 자신이 만드는 위험이다. 이 위험은 스스로 만드는 것이기 때문에 투자자별로 상이하게 나타난다. 이를 이해하기 위해 다음 사례를 살펴보자.

예를 들어 50대 후반의 퇴직한 A가 주식투자를 시작한다고 가정해보자. A가 가진 돈은 약 2억 원의 퇴직금이다. A는 이 돈을 잘 관리하여 노후 생활을 해야 한다. 만약 A가 퇴직금을 모두 주식에 투자한다면 어떤 일이 발생할까? A는 앞서 가정한 것과 같이 2억이라는 돈을 잘 나눠 매달 생활해야 한다. A가 80세까지 산다고 가정했을 때 연금을 제외하고 2억의 돈으로 약 한 달에 83만 원을 사용할 수 있다. A가 만약 주식투자를 한다면 최소 83만 원 이상의 수익을 매달 얻어야 한다. 2억의 투자금 대비 83만 원의 수익을 얻기 위해서는 약 0.5% 이상의 수익을 이뤄내면 된다. 문제는 무조건 수익을 내야 하는 위험이 발생한다는 것이다. 정말 별것 아닌 수익률일지 모르나 무조건 0.5%의 수익을 내는 것은 생각보다 어렵다. 투자한 종목에 손실이 확정될 수 있기 때문이다. 주식에서 100%의 승률이란 존재하지 않는다. 무엇보다 A는 투자 자금이 늘어날 수 없는 구조다. 즉, 손실이 확정되고 투자 원금이 줄어들기 시작하면 점점 얻어야 할 수익은 높아진다.

A와 나이가 같은 B가 있다. B는 현재 5천만 원의 퇴직금을 받은 상황이다. B도 주식투자를 통해 생활비를 번다고 가정해보자. 5천만 원에서 한 달 생활비 100만 원을 벌기 위해서는 약 2%의 수익을 얻어야 한다. A와 B가 매달 무조건 얻어야 하는 최소 수익이 0.5%와 2%다. A와 B중 누구의 위험이 더 클까? 수익을 얻는 부분에서는 B가 위험이 높지만 원금 손실에 대한 부분에 집중한다면 A가 위험이 더 높다. 금액이 크기 때문에 손실이 발생했을 때 손해액 자체는 훨씬 크기 때문이다. 이처럼 개인별로 발생하는 위험이 다르다는 것을 인지하고 위험을 최소화하기 위해 노력해야 한다.

이번엔 투자한 금액을 현금화하는 유동성에 관한 예를 한번 살펴보자. 투자자가 1년 동안 1억의 돈을 주식투자한 뒤 다시 현금화를 해야 하는 위험과 1억의 돈을 1개월 동안 운영한 후 현금화해야 하는 위험 두 가지를 생각해보자. 투자 기간은 2018년 1월부터 투자한다고 가정한다. 2018년 1월 이후 실제로 무역전쟁 이슈가 발생했고 관세 이슈에 따라 철강주가 큰 타격을 받았다. 만약 이 기간에 철강주에 투자하고 있었다면 어떻게 될까? 글로벌 악재이기 때문에 철강주에 투자하고 있는 투자자들은 손해를 입을 수밖에 없는 상황이다. 1개월 안에 돈을 현금화해야 하는 A와 1년 안에 돈을 현금화하는 B

는 향후 흐름에서 큰 차이가 발생할 수 있다. B는 1년 동안 단기적인 악재로 작용한 이슈에 대해 충분히 대응할 수 있는 시간적 여유가 있다. 하지만 A는 단기간에 자금을 회수해야 하기 때문에 손실을 확정하고 다른 종목으로 수익을 얻을 것인지, 추가 자금을 통해 손실 부분을 채울 것인지 판단해야 한다. 어쨌든 A는 B보다 큰 손해를 입을 수밖에 없는 상황이 발생한다는 것이다. 여기에서는 두 가지 예만 들었지만 사실 개별적으로 발생하는 위험은 너무나도 많다. 그렇기 때문에 자신에게 발생 가능한 위험은 어떤 것이 있고, 만약 이 위험이 발생한다면 어떻게 대처해야 할지 계획을 세워야 한다. 세 가지 위험 중 가장 해결 가능성이 높은 개인 위험을 해소하지 못한다면 성공적인 투자를 진행하기는 어렵다. 항상 주식투자에서 위험이 발생할 수 있다는 것을 인지하고 대처하는 자세를 갖는 것이 중요하다.

성공적인 투자를 위해서는 매매일지를 반드시 작성해야 한다. 아래 내용을 보면 그 이유를 이해할 수 있을 것이다. 투자자가 가장 자주 하는 착각은 하나의 이론이 모든 종목에 동일하게 적용된다고 믿는 것이다. 주식은 수학 공식처럼 딱 떨어지지 않는다. 투자자의 심리가 변수로 작용하기 때문이다. 예를 들어 하락 추세에서 의미 있는 양봉이 나타나면 급등하는 패턴이 있다고 가정해보자. 코리아에스이(101670)는(102쪽 차트 참고) 저점 이후 의미 있는 양봉이 나왔고 이후 주가가 급등하는 모습을 보였다.

코리아에스이 사례처럼 이 패턴은 신뢰도가 높고 일반적인 투자자도 자주 활용하는 투자 기법이다. 하지만 모든 투자자가 이 패턴을 활용하여 투자를 하게 되면 어떻게 될까? 주가는 빠르게 상승할 것이고 수익을 보는 사람은 아마 소수일 것이다. 문제는 이런 공식적인 패턴이 나타날 때 각 종목에 포진

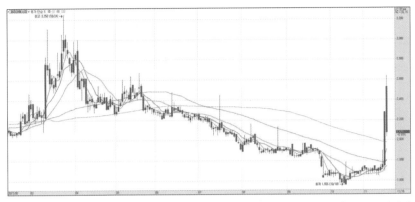

[코리아에스이 일봉]

하고 있는 세력이 이를 역이용한다는 것이다. 상승해야 하는 패턴인데 주가
가 하락하면 개인투자자의 심리가 흔들린다. 따라서 단기적으로 물량을 정리
하며 다른 종목으로 대피한다. 투자자의 심리가 악화되어 주가가 하락했기
때문에 '밸류에이션 매력 부각, 역사적 저점'과 유사한 뉴스가 나
올 수 있다. 다른 투자자들이 해당 종목이 저평가되었다고 판단
하면 매수가 들어오고 주가는 빠르게 다시 회복하게 된다. 하지
만 이 흐름에서 개인투자자는 보통 소외되는 경우가 많다. 따라
서 투자자가 매수하면 주가가 하락하고 매도하면 주가가 상승하
는 일이 비일비재하게 일어나는 것이다. 세력이 이런 행동을 하는 이유는 하
나다. 개인투자자들의 물량을 받아 주가가 상승할 때 큰 수익을 얻기 위해서
다. 모두 다 상승할 것이라 판단하는 종목에서는 매도하는 사람이 없다. 따라
서 주가는 지속적으로 올라가게 되고 물량을 올리려면 큰 부담을 가질 수밖
에 없다. 따라서 이런 부담을 줄이기 위해 세력은 투자심리를 흔드는 행동을

알아보기

밸류에이션

기업 가치를 평가하여
적정한 주가를 산정하
는 것을 말한다.

많이 한다. 앞으로 주식투자를 하면 비슷한 상황을 자주 겪게 될 것이다. 이때마다 갈대처럼 흔들리면 투자에서 수익을 얻기보다는 손실을 볼 가능성이 크다. 따라서 매매일지를 반복적으로 작성하여 해당 종목의 투자자가 어떤 움직임을 보이는지, 주가를 어떤 방식으로 흔드는지 확인해야 한다. 매매일지를 활용하면 합리적인 주식투자를 진행할 수 있다.

무엇보다 한 종목에 오랜 기간 투자하면 같은 가격대를 반복적으로 경험하게 된다. 과거의 사례를 연구할 수 있을 뿐만 아니라 종목의 개수가 늘어날수록 해당 종목에 대한 이슈가 무엇인지 빠르게 파악할 수 있다. 매매일지의 핵심은 투자를 하면서 시행착오를 줄이는 것이다. 또한 매매일지를 작성하면 자신만의 투자 기법을 만들기 위한 기초 자료로 활용할 수도 있다.

매매일지 작성법

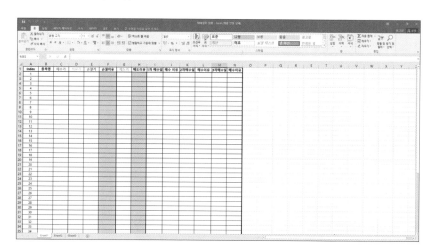

우선 매매일지는 매수가, 목표가, 손절가로 크게 세 가지 카테고리로 구성된다. 매매일지를 작성할 때 가장 중요한 부분은 해당 의사 결정을 진행한 이유다. 손절을 했다면 왜 손절했는지, 해당 가격에 매도를 했으면 왜 매도했는지를 정확하게 파악해야 한다. 매수도 마찬가지다. 매매일지 샘플 양식에서 볼 수 있듯이 일반적으로 분할 매수를 진행하기 때문에 임의로 3차 매수까지 준비했다.

삼화콘덴서(001820) 차트를 보며 매매일지 작성법을 자세히 알아보자.

[삼화콘덴서 일봉]

현재 주가는 92,300원에 형성되어 있다. 단기적으로 1차 목표가는 전고점인 97,700원으로 선정한다. 2차 목표가는 과거 상승 여력을 확인하여 120,000원으로 선정한다. 투자하려는 이유는 MLCC 시황이 다음 해 상반기까지 좋을 것으로 기대되고 5G의 발전에 따라 MLCC의 수요는 지속적으로 증가할 것으로 예상하기 때문이다. 현재 주가 위치에서 단기적으로 횡보를 했기 때문에 손절라인은 박스권 하단 부분인 88,500원으로 타이트하게 설정한다.

투자자가 이렇게 매매일지를 작성하면 추후 주가의 흐름에 따른 투자전략을 결정하기 쉽다. 실제로 삼화콘덴서는 다음과 같이 주가가 움직였다.

[삼화콘덴서 일봉]

삼화콘덴서의 주가는 1차 목표가를 상향 돌파했고 2차 목표가까지는 도달하지 못했지만 투자자가 충분히 수익을 얻을 수 있는 위치까지 상승했다. 그리고 투자 후 주가가 단기적으로 하락하기 시작했는데 손절라인으로 잡은 가격대를 하락 돌파한 이후 급격하게 주가가 빠지는 것을 확인할 수 있다. 만약 투자자가 매매일지를 통해 투자할 때 진행해야 할 의사 결정에 미리 대비했다면 수익은 극대화하고 손실은 최소화하였을 것이다.

주식투자를 할 때 반드시 자신만의 투자 기법을 만들어야 한다. 자신만의 투자 기법이 없으면 리스크 관리가 불가능하고 대외 변수에 빠르게 대응할 수 없다. 위험 관리를 잘하지 못하는 투자자는 주식 시장에서 성공할 수 없다. 물론 주식투자를 처음 시작한 사람이 자신만의 투자 방법을 만들기 위해서는 많은 시간이 필요하다.

주식투자를 하다 보면 수많은 대외 변수를 만나게 된다. 만약 대외 변수가 생길 때마다 투자하는 방식을 전부 다르게 적용하면 다음에 비슷한 대외 변수가 발생해도 적절하게 대처하지 못할 수 있다. 하지만 자신만의 투자 방법이 있고, 과거의 의사 결정을 통해 대외 변수에 대응해나간다면 각 대외 변수에 적절한 의사 결정을 진행할 수 있다. 바로 이때 투자자의 투자 노하우가 하나씩 쌓이게 된다.

주식은 1분 1초에 따라 호가가 변동되고 한번 타이밍을 놓치면 투자 타이밍을 찾기 어렵다. 이처럼 주식은 절대 투자자를 기다려주지 않는다. 게다가 주식은 여러 변수가 있고 자신이 어떤 종목에 어떻게 투자할 것인지 결정해야 하는 부분이 많다.

예를 들어 증권 전문가에게 A 종목을 추천받았다고 가정해보자. A 종목은 현재 15% 상승하고 있다. 하지만 언제 A 종목을 매도해야 할지 알지 못하고 추천해준 전문가와 연락도 되지 않는다. 현재 주가가 15% 상승하였지만 추천 이후 주가가 많이 하락했기 때문에 현 시점에서 매도해도 손실이 발생하는 상황이다. 급등 이후 주가가 하락할 가능성도 있기 때문에 이때 투자자는 마음이 급해질 수밖에 없다. 게다가 주가가 더 상승할 것 같아 욕심도 나기 시작했다.

실제로 투자하다 보면 지금 상황과 유사한 때가 있다. 급등주는 지금 15% 상승하고 있어도 언제든지 보합(0%) 근처로 주가가 빠지거나 -%대로 바뀌는 경우가 많다. 게다가 상승하는 주가가 다시 하락하는 데 걸리는 시간은 10분이 걸리지 않을 정도로 빠르게 움직인다. 자신만의 투자 기법이 없는 사람은 이런 상황에 맞닥뜨렸을 때 의사 결정을 하지 못하고 머뭇거리게 된다. 머뭇거림은 곧 큰 손실의 원인이 된다. 그렇기 때문에 주식투자를 할 때 자신만의 투자 기법을 반드시 만들어야 한다. 전문가도 단기간에 많은 사람의 연락을 받기 때문에 모든 사람에게 동시에 대응 전략을 전달할 수 없다. 일반적으로 주가의 변동성이 약해질 시점에 전문가에게 연락이 온다. "단기 급등이기 때문에 우선 물량 정리하시고 재매수 포인트를 잡겠습니다"라는 문자가 온다. 하지만 투자자는 이미 대응하기 어려운 상황이고 주가도 하락한 상황이다. 투자자는 다시 길고 어려운 싸움을 시작해야 한다. 이렇듯 본인만의 투자 방식을 찾으려는 노력을 하지 않는다면 방금 예와 비슷한 상황에서 고민을 하다 투자에 실패할 수 있다.

다른 예로, 전문가에게 C 종목을 추천받고 매수를 할지 말지 고민하는 상황이라고 가정해보자. 문제는 추천받는 종목이 하나가 아니라는 것이다. 하루에 많으면 5~10개도 추천받을 수 있다. 만약 일주일 동안 지속적으로 추천을 받는다면 50개 이상의 종목을 추천받을 수도 있다. 어떤 종목을 매수해야 할지 정말 선택하기 어려울 것이다. 50개 중에서 분명 2~3개 정도는 크게 상승할 것이다. 만약 자신이 상승한 종목에 편입하지 못했다면 "나는 왜 종목 추천을 받아도 저 종목을 사지 못했을까?"라는 생각이 들 수 있다. 주식 전문가도 사람이기 때문에 추천한 모든 종목이 다 상승하지 않는다. 그렇기 때문에 추천받은 종목을 매수할 것인지 않을 것인지는 반드시 투자자 본인의 의사로 결정해야 한다. 이를 위해서는 자신이 해당 종목을 매수하는 투자 포인트를 정해야 한다. 그리고 주가의 변동이 생길 때 해당 종목을 투자할지 말지를 생각해야 한다.

그리고 전문가에게 종목 추천을 받는 것 이외에도 투자하기 괜찮은 종목에 관한 정보를 얻을 수 있다. 예를 들면 한국경제TV, 매일경제TV, 이데일리TV 등 대표적인 경제 방송 프로그램이다. 해당 방송을 보면 수많은 전문가가 종목을 추천하고 해당 이슈에 관해 이야기한다. 문제는 방송에 나가는 순간 추천한 종목과 투자 포인트와 관련된 정보는 많은 사람에게 노출된다는 것이다. 그렇기 때문에 투자자가 해당 정보를 얼마나 빠르게 해석하고 투자하느냐에 따라 수익성에 큰 차이가 발생한다. 전문가 추천 종목도 마찬가지다. 전문가에게 종목 추천을 받는 사람은 나 혼자만이 아니다. 즉, 수많은 정보 속에서 의사 결정을 빠르게 해야 수익을 볼 수 있다는 것을 명심하자. 정보를 해독하고 의사 결정을 하기 위해서는 거듭 강조하지만 자신만의 투자 기법이 반드시 필요하다.

이해를 돕기 위해 예시 종목을 보며 투자 포인트를 찾고 자신만의 투자 방법을 만들어보자. 만약 현재 시점에서 T 씨가 휠라코리아(081660)를 추천받았다고 가정해보자. 휠라코리아는 고점을 찍고 하락하고 있는 상황이다. 우선 투자하기 위해 투자할 만한 포인트를 잡아야 한다.

[휠라코리아 일봉]

T 씨의 투자 포인트

1. 휠라코리아의 우수한 실적
2. 국내 및 중국 사업의 수익성 개선
3. 면세점 진출 소식

T 씨: "음, 현재 차트 흐름을 봤을 때 일반적으로 120일선까지 하락 가능성이 있는 상황이야. 그렇기 때문에 매수 가격은 현재 가격인 30,000원대부터 120일선 가격대인 27,000원까지 분할 매수를 진행해봐야겠어. 이평선에서 반등이 나온다면 전 고점까지 상승하는 경우가 많이 있었지. 과거 내가 투자했던 종목들은 유사한 흐름을 보였기 때문에 상승 가능성은 전 고점을 1차 목표가로 선정하고, 만약 1차 목표가에 달성하면 추가 상승 여력이 있을 거야. 직전 랠리에서 1만 원 정도의 주가 상승이 있었기 때문에 이번에도 랠리가 발생한다면 1만 원 정도 상승할 수 있을 거야."

T 씨의 투자전략

1. 이평선의 지지 여부 파악
2. 상승 가능성은 전 고점까지

T 씨의 투자전략은 크게 두 가지다. 첫째, 이평선의 지지 여부를 파악한다. 이평선에서 지지가 나온다면 의미 있는 반등이 생길 것이라 예상하였다. 둘째, 상승 가능성은 전 고점까지 열어둔다. 전 고점까지 도달한다면 추가 랠리가 발생할 수 있고 해당 가격대에서 추가적인 의사 결정을 진행하겠다는 전략이다.

실제로 T 씨의 투자전략은 성공했을까? 이후 흐름은 아래 차트와 같다.

주식 시장에서는 무엇보다 자신만의 투자 방법을 찾아내야 일정 이상의 수익을 얻을 수 있다. 주식은 백 번 성공하는 것보다 한 번의 실수가 타격이 크다. 백 번 운이 좋아 돈을 벌어도 한 번의 실수가 그 모든 성공을 의미 없게 만들 수 있기 때문에 리스크 관리를 위해서라도 반드시 자신만의 투자 방법을 개발하여 주식투자를 진행하자.

[휠라코리아 일봉]

2장_현명한 투자자의 6가지 기본자세와 지식

　　주식투자를 할 때 가져야 하는 자세 중 가장 중요한 것이 바로 손절매(이후 손절)를 하는 것이다. 필자 개인적으로는 손절을 할 수 있어야 그때부터 진정한 주식투자를 한다고 생각한다. 아마 모든 사람이 손절을 하는 것을 힘들어할 것이다. 손절은 투자자가 자신의 손실을 확정하는 행위이기 때문이다. 투자자는 투자 자금이 커지면 커질수록 손절하기가 쉽지 않다. 주식 시장에서 힘들지만 왜 반드시 손절을 해야 하는지 지금부터 본격적으로 알아보자.

　　'손절매'란 현재의 주가에서 추가적인 하락이 발생할 가능성이 크고, 불확실성이 커졌을 때 미래에 발생할 손실의 폭을 줄이기 위해 종목을 정리하는 것을 의미한다. 투자자는 항상 리스크를 생각해야 한다. 리스크 관리는 손실을 볼 가능성을 최소화하여 투자자가 투자 원금을 최대한 보호할 수 있게 하는 일련의 행동이다. 투자를 진행하면 현실적으로 수익의 폭이 늘기보다 손실의 폭이 늘어날 가능성이 크다. 그리고 한번 손실이 발생하면 더 많은 수익을 얻어야 본전에 이를 수 있기 때문에 투자자는 리스크 관리를 꾸준히 해야 한다. 만약 10% 손실이 발생하면 12% 정도의 수익을 이뤄내면 되지만 30%의 손실이 발생하면 약 42.8% 수익을 얻어야 본전을 얻을 수 있다. 이처럼 손실 폭이 커지면 커질수록 수익 폭이 커져야만 본전을 찾을 수 있기 때문에 손절을 통해 수익률에 대한 부담을 줄이는 것이 중요하다.

우선 일정 부분 손실이 발생하면(이때 손실의 경우는 1거래일 혹은 2거래일 사이에 충분히 회복할 수 있는 규모다) 우선 빠르게 정리하고 주가가 다시 상승할 모멘텀이 발생했을 때, 재매수를 진행한다. 이를 통해 해당 종목의 매입가를 낮추는 것이 주목적이다. 매입가가 낮아졌기 때문에 하락하던 주가가 반등이 나오거나 상승 추세로 바뀌기 시작할 때 편입하여 수익을 보는 것이다. 손절을 해야 하는 또 다른 이유가 있다.

예를 들어 현재 나의 손실률이 50%라고 가정해보자. 만약 이 상황에서 주가가 30% 급등하여 상한가를 했다. 그럼 나의 손실률이 20%까지 한번에 올라올까? 전혀 그렇지 않다. 앞에서 설명했듯이 100만 원에서 10%의 손실이 확정되면 90만 원이고, 이 90만 원이 다시 100만 원이 되기 위해서는 약 12%의 주가 상승이 필요하다. 즉, 현재 손실률이 50%라고 하면 현재 보유하고 있는 주식의 가치는 50만 원인 상황이다. 그렇기 때문에 본전이 되기 위해서는 100%의 수익이 발생해야 한다. 매수, 매도 수수료까지 포함한다면 %는 더욱 상승한다. 이해를 돕기 위해 네이처셀(007390)의 차트를 확인해보도록 하자.

　네이처셀은 주가가 급등하였지만 악재가 나오면서 주가가 갭 하락하는 모습을 보였다. 현재 시점에서 사실 손절을 진행해야 한다. 고점 대비 갭 하락하는 모습이 나타났고 다음 날 강한 반등이 나왔기 때문이다. 일반적으로 반등은 하락 폭의 3분의 2 정도에 해당되는 지점까지 나오는데, 갭 하락 이후 주가가 갭 하락 상단에 근접한 가격대까지 상승한 모습을 볼 수 있다. 일반적으로 주가가 급격하게 상승할수록 손절라인을 타이트하게 잡아야 한다. 보통 현재 가격대에서 적어도 비중을 줄여놓아야 한다. 단기적으로는 갭 부분까지 상승할 수 있지만 단기적인 상승 흐름에 따른 물량 해소로 상승하기 전 가격대인 2만 5천 원 부근까지 하락할 수 있기 때문이다.

　실제로 네이처셀은 2만 5천 원 부근까지 가격이 하락했다. 반등이 나온 이후 또 추가적으로 하락하였다. 고점에서 매수하여 손절을 하지 않은 사람이라면 엄청난 손실을 기록했을 것이라는 사실을 이번 사례를 통해 파악할 수 있다.

[네이처셀 일봉]

[LG디스플레이 일봉]

지금까지 주가가 급등락할 때 리스크 관리를 하는 손절에 관해 알아봤다. LG디스플레이(034220)의 차트를 보면 점진적으로도 주가가 엄청나게 많이 하락할 수 있다는 것을 확인할 수 있다. 만약 3만 3천 원 고점 부근에서 매수한 투자자가 있다고 가정해보자. 사실 이 투자자는 상승 전 가격대인 3만 1천 원을 종가상 이탈하면 손절해야 하는 위치였다. 만약 이 부분에서 손절을 진

2장_현명한 투자자의 6가지 기본자세와 지식

행하지 못했다면 업황 부진에 따라 꾸준히 하락한 주가에 맞춰 큰 손실을 봤을 것이다.

재테크를 하다 보면 물론 손실을 입을 수 있다. 하지만 최소한의 손실을 통해 최대의 수익을 이끌어내는 것이 진정한 투자가 아닐까? '손절'은 손실을 최소화할 수 있는 하나의 기법이다. 손실을 보더라도 본전을 위해 투자자가 안아야 하는 부담을 줄이려면 반드시 손절은 필요하다. 손절은 현재 주가가 하락할 가능성에 대한 리스크를 대비하는 것뿐만 아니라 더 높은 수익률을 얻기 위해 투자해야 할 리스크에 대한 부분도 같이 다루는 것이다. '투기'가 아닌 '투자'를 하기 위해서는 손절하는 습관을 갖자. 주식 시장에서는 언제든 주가가 상승하고 하락할 수 있다. 투자를 진행하며 하루 크게 상승했다고 너무 기뻐하지 말자. 언제든 주식의 가치는 오를 수 있고, 하락할 수 있다. 바다에서 원활한 항해를 하기 위해서는 파도를 거스르는 것보다 파도에 순응하여 그 흐름에 따라 움직이는 것이 가장 좋다. 주식 역시 마찬가지다. 투자자는 손절의 의미를 다시 한번 생각해보고 항상 손절을 할 수 있는 태도를 가져야 한다.

황금주를 찾아라! 좋은 종목 고르는 방법

　투자자는 주식투자를 진행하기 위해 어떤 종목(회사)에 투자할지 결정해야 한다. 종목을 고르는 방법은 여러 가지가 있지만 본 책에서는 '가치 투자'를 추천한다. 가치 투자는 회사의 실적(매출액, 순이익, 배당 등)은 좋은데 그에 반해 주식의 가치는 낮은 상태의 종목을 찾아 투자하는 방식이다. 일반적으로 주가는 기업의 실적에 맞게 형성된다.

　예를 들어 A 기업이 매년 200억의 손실을 기록하고 있다고 가정해보자. A 기업의 실적은 4년 연속 적자를 유지하고 있다. 상장폐지의 위험이 있지만 주가가 주당 200만 원이 넘는 상황이다. 만약 기업의 실적이 주가를 대변하지 못한다면 이와 같이 말도 안 되는 상황이 발생할 수 있다. 하지만 실제로 A 기업이 상장폐지가 될 위기에 있고, 실적이 4년 연속 큰 폭의 적자를 유지하고 있는데 해당 기업에 투자하는 투자자가 있을까? 특별한 이슈가 없으면 A

기업에 투자할 투자자는 없을 것이다.

물론 실제로 투자하다 보면 실적은 역대 최고를 기록했는데 주가는 오히려 하락하는 종목이 있다. 이는 투자자들의 단기적인 투자심리가 악화됐기 때문이다. 단기적으로는 주가가 하락할 수 있으나 결국 주가는 중장기적으로 실적에 맞게 상승한다. 성공적인 투자를 위해서 기본적 분석과 기술적 분석을 동시에 진행해야 한다.

가치 투자를 위해 알아야 할 3가지 법칙

1. 기업의 실적이 곧 주가다.

회사는 이윤을 창출해 영속적으로 유지되어야 한다. 만약 회사가 이윤을 창출하지 못하고 손해가 지속적으로 발생하면 회사는 망하고 주식도 존재할 수 없다. 투자자가 주식을 소유하는 것은 곧 그 회사의 지분을 소유하는 것과 같기 때문에 회사의 가치가 성장해야 투자자가 보유한 주식의 가치도 상승한다. 투자자가 보유한 가치가 상승해야 투자한 것에 대한 보상을 받을 수 있다. 그렇기 때문에 주식의 가치는 기업의 가치와 같을 수밖에 없다.

2. 쌀 때 사서 비쌀 때 팔아야 한다.

가치 투자는 기업의 실제 가치가 현재 가치보다 낮을 때 매수하여 제 가치를 찾거나 시장에서 그 이상 상승할 때 매도하여 수익을 얻어야 한다.

3. 기업의 가치는 새로 발생되는 모멘텀에 따라 실시간으로 바뀐다.

기업의 가치가 실시간으로 바뀌기 때문에 투자자들의 생각도 끊임없이 달라질 수 있다. 따라서 투자자의 심리에 따라 주가가 기업의 가치와 다르게 움직일 수 있다는 것을 인지해야 한다. 실제로 기업의 가치가 상승하는 비중은 10%인데 투자자가 판단하기에 실제 실적보다 기업의 가치가 더 높이 올라갈 것이라 판단하여 주가는 30% 상승을 보일 수 있다. 물론 실적보다 높게 상승한 부분은 시간이 흐름에 따라 기업의 가치에 맞게 조정될 것이다.

투자자는 가치 투자를 하며 끊임없이 주가가 기업의 실적보다 높게 형성되어 있는지 낮게 형성되어 있는지 파악해야 한다. 이를 원활하게 진행하기 위해서 기업의 가치를 정확하게 파악하는 방법을 알아야 한다. 기업의 가치를 정확하게 파악하기 위해서는 총 네 가지를 알아야 한다. 투자자는 반드시 자기자본이익률(ROE), 주가수익비율(PER), 이브이에비타(EV/EBITDA), 주가순자산비율(PBR)을 정확하게 이해해야 한다.

자기자본이익률(ROE)

자기자본이익률(ROE, Return On Equity)은 자기자본 즉, 기업이 투자 받은 돈을 활용하여 회사가 얼마나 이익을 창출해내고 있는지 나타내는 지표다. 자기자본이익률은 당기순이익을 자기자본으로 나눠서 계산하면 된다. 즉, 자기자본이 1,000원이고 당기순이익이 100원이라면 자기자본이익률은 10%가 된다. 자기자본이익률이 높을수록 일반적으로 좋은 기업으로 평가한다. 자기자본에 비해 이익을 많이 낸다는 것 자체가 이익 창출 능력이 있다는 것을 의미하기 때문이다. 앞서 기업의 가치는 실적과 동일시된다고 했다. 따라서 수익을 잘 내는 기업은 기업의 가치가 높을 수밖에 없다. 하지만 기업의 자기자본이익률이 높다 하더라도 투자하는 시점에 주가가 기업의 가치에 비해 너무 높게 평가되어 있다면 의미가 없을 수 있다. 그렇기 때문에 현재 기업이 기업의 가치에 비해 너무 높게 형성되어 있는지를 정확하게 파악하기 위해 주가수익비율(PER)과 주가순자산비율(PBR) 등도 같이 확인해야 한다.

자기자본이익률(ROE) = (당기순이익 ÷ 자기자본) × 100

참고로 회사의 전반적인 이익이 얼마나 창출되는지 궁금하면 총자산수익률(ROA)을 계산하면 된다. 총자산수익률(ROA)은 기업 수익률로 불리기도 한다. 총자산수익률(ROA)을 확인해야 하는 이유는 회사가 차입금까지 활용했을 때 얼마나 수익을 창출할 수 있는지 확인할 수 있기 때문이다. 총자산수익률(ROA)을 구하는 공식은 다음과 같다.

총자산수익률(ROA) = (이익 ÷ 자기자본) × 100

주가수익비율(PER)

주가수익비율(PER, Price Earning Ratio)은 어떤 회사가 현재 수준으로 수익을 유지할 경우 해당 주가까지 수익을 내기 위해 걸리는 시간을 말한다. 주가수익비율을 구하는 공식은 현재 주가를 1년 후 예상 주당순이익(EPS)으로 나눠 계산한다.

주가수익비율(PER) = 주가 ÷ 1주당 당기순이익(주당순이익)

투자자가 주가수익비율(PER)을 알아야 하는 이유는 간단하다. 주가수익비율(PER)을 활용하면 주가가 고평가되어 있는지 저평가되어 있는지 빠르게 파악할 수 있다. 일반적으로 시장에서는 주가수익비율(PER)이 낮을수록 저평가되어 있고, 높을수록 고평가되어 있다고 인식한다. 예를 들어보자. 현재 주가가 100만 원인 기업이 있는데 1년 후 경비를 제하고 100만 원이라는 순이익이 발생했다고 가정하자. 그 경우 PER(주가수익비율)은 1이다.

회사는 주가만큼의 수익을 거둬들이는 데 1년이 필요하다는 것이다. 즉, PER(주가수익비율)을 활용하면 1주당 벌어들이는 금액으로 현재 주가를 이뤄내려면 몇 년이 걸리는지 파악할 수 있다. PER이 10이면 10년이 걸린다고 생각하면 된다. 대체로 주식 시장에서 우량 기업이고 안정적인 수익을 내는 기업의 PER(주가수익비율)은 낮다. 다만 PER(주가수익비율)의 경우 업종의 특성에 따라서도 크기의 변동이 있을 수 있으니 관련된 이슈를 파악하고 PER(주가수익비율)을 적용하면 된다. 주가수익비율(PER)을 파악하기 위해 주당순이익(EPS)을 알아야 한다. 주당순이익(EPS)은 기업이 벌어들인 순수익(당기순이익)을 기업이 발행한 총 주식 수로 나눠 계산한다.

주당순이익(EPS) = 당기순이익 ÷ 주식 수

주당순이익(EPS)이 중요한 이유는 PER(주가수익비율) 등 다른 값을 계산하는 기초 자료이기도 하지만 1주당 이익을 얼마나 창출했는지 나타내는 지표이기 때문이다. 주당순이익(EPS)은 회사가 1년간 올린 수익에 대해 주주의 몫이 얼마인지를 나타낸다. 주당순이익(EPS)과 주가수익비율(PER)을 활용하면 적정 주가를 계산할 수 있다.

현재 주가 = 주당순이익(EPS) × 주가수익비율(PER)

해당 공식을 활용하여 현재 주가가 적정한 주가인지 아닌지 계산할 수 있다. 예를 들어 A 회사의 1년 후 예상되는 주당순이익(EPS)이 5,000원이고 시장 평균 PER(주가수익비율)이 14배라면, A 회사의 적정 주가는 70,000원이라는 계산이 나온다. 일반적으로 상장된 웬만한 기업들은 계산한 가치에 크게 벗어나지 않은 상태라는 것을 알 수 있다. 미래를 예측하기 위해서는 현재 EPS(주당순이익)가 아닌 예상 EPS(주당순이익)를 활용하면 미래의 적정 가치를 파악할 수 있다.

이브이에비타(EV/EBITDA)

이브이(EV)는 기업의 가치(Enterprise Value)로 기업 매수자가 매수 시 지급해야 하는 금액이다. EV는 기업의 미래 수익 창출 능력을 현재 가치로 환산한 것이다. 따라서 기업이 앞으로 벌어들일 총수익을 이자율로 할인하여 현재 시점에서 그 기업의 가치를 산출한 것이다. EV 값이 현 주가보다 높은 기업은 앞으로 주가가 오를 것으로 인식한다.

이브이(EV) = 시가총액 + 순차입금(총차입금 − 현금예금)

에비타(EBITDA)는 이자비용, 세금, 감가상각비 등을 빼기 전의 순이익을 뜻한다. 그렇기 때문에 EBITDA는 세전 기준 영업 흐름을 나타내고 기업이 영업 활동을 통해 벌어들이는 현금 창출 능력을 보여준다. EBITDA는 수익성을 나타내는 지표이기 때문이 기업의 실제 가치를 평가하는 데도 중요한 요인으로 활용한다.

에비타(EBITDA) = 영업이익 + 감가상각비 + 순금융비용

이브이에비타(EV/EBITDA)는 PER(주가수익비율)로는 알 수 없는 요소(세금, 이자, 감가상각비 등)가 실제로 손익에 얼마나 많은 영향을 미쳤는지 파악할 수 있다. 따라서 EV/EBITDA는 순수한 영업 활동을 통해 얻은 이익이 기업 가치에 대비하여 몇 배나 차이가 나는지 알려주는 지표다. 예를 들어 EV/EBITDA가 2배라면 해당 기업을 시장 가격(EV)으로 매수했을 때, 그 기업이 벌어들인 이익(EBITDA)을 2년간 합하면 투자 원금을 회수할 수 있다는 의미다.

$$\text{이브이에비타(EV/EBITDA)} = \frac{\text{(시가총액 + 순차입금)}}{\text{(영업이익 + 감가삼각비 + 순금융비용)}}$$

만약 투자자가 A 기업을 9억 원에 인수할 수 있고, 이 기업은 매년 세전 3억 원의 영업이익을 내고 있는 상황이다. B 기업은 20억 원에 인수할 수 있고 매년 세전 이익이 5억 원이다. 투자자는 A 기업과 B 기업 중 어떤 기업을 인수(투자)하면 좋을까? 해당 사항만 놓고 보면 A 기업은 EV/EBITDA가 3배, B 기업은 EV/EBITDA가 4배이다. 즉, A 기업은 3년 걸려야 본전이고, B 기업은 4년이 지나야 본전이 될 수 있다는 의미다. 따라서 투자자가 A와 B 기업 중 투자를 진행한다면 A 기업에 투자하는 것이 합리적인 선택이다.

주가순자산비율(PBR)

주가순자산비율(PBR, Price Book-value Ratio)은 주가와 1주당 순자산을 비교하여 나타낸 비율이다. 즉, 주가가 순자산(자본금과 자본잉여금, 이익잉여금의 합계)에 비해 1주당 몇 배로 거래되고 있는지를 나타내는 지표다. 이는 기업의 장부가치와 시장가치를 비교하는 방법이다.

주가순자산비율(PBR) = 주가 ÷ 1주당 자산

주가순자산비율(PBR)은 장부상의 가치로 회사 청산 시 주주가 배당받을 수 있는 자산의 가치를 의미한다. 주가순자산비율(PBR)은 재무내용을 통해 주가를 판단하며, 주가수익비율(PER)과 차이가 있다. 주가순자산비율(PBR)은 재무내용에 비해 주가가 어느 정도에 위치하는지를 표시하는 것이다. 따라서 PBR(주가순자산비율)이 높다는 것은 재무내용에 비해 주가가 높다는 것이고, PBR(주가순자산비율)이 낮다는 것은 재무내용에 비해 주가가 상대적으로 낮다는 것을 의미한다. PBR(주가순자산비율)의 기준은 일반적으로 1이다. PBR(주가순자산비율)이 1이면 주가와 기업의 청산가치는 같다고 이해한다. 따라서 주가순자산비율(PBR)은 해석에 따라 장부가치뿐만 아니라 수익성에 대한 부분까지도 다룰 수 있는 지표라 할 수 있다. 주가순자산비율(PBR)은 아래와 같이 계산한다.

$$\text{주가순자산비율(PBR)} = \frac{\text{주당 이익}}{\text{주당 순자산}} \times \frac{\text{주가}}{\text{주당 이익}} = \text{자기자본이익률(ROE)} \times \text{주가수익비율(PER)}$$

돈이 되는 정보! 네이버 증권을 이용해 보고서 얻는 방법

2-8

투자자가 산업, 종목 리포트 등 주식투자를 위해 참고할 만한 보고서는 증권사 홈페이지에 접속하면 얻을 수 있다. 하지만 증권사 홈페이지에서 리포트를 얻기 위해서는 보안 프로그램을 설치하거나 해당 증권사의 계좌를 갖고 있어야 하는 경우가 있다. 각종 보안 프로그램을 설치하기가 번거롭기도 하고, 휴대폰으로는 증권사 홈페이지에서 리포트를 다운로드할 수 없다. 하지만 '네이버 증권'을 통하면 손쉽게 투자 정보를 얻을 수 있다. 네이버에서는 휴대폰으로도 쉽게 리포트를 다운로드할 수 있어 사용하기도 편리하다. 물론 각 증권사에 접속하여 리포트를 보는 것이 속도 면에서는 빠르다. 일반적으로 증권사는 증권사별로 차이는 있지만 오전 7시 30분 이후부터 각종 리포트가 쏟아져 나오기 때문이다. 빠르게 정보를 얻어 투자하고 싶은 사람은 증권사 홈페이지를 참고하면 된다. 지금부터 네이버 증권을 이용해 각종 보고서를 얻는 방법과 각 리포트에서 어떤 내용을 얻을 수 있고 참고 자료를 어떻게 투자에 적용할 수 있는지에 관해 자세하게 알아보자.

네이버 증권을 이용해 각종 보고서를 얻는 방법

1. 네이버 메인 페이지에서 [증권] 탭을 클릭한다.

2. 네이버 금융에서 [투자전략] 탭을 클릭한다.

3. [투자전략] 탭을 클릭하면 왼쪽 박스에 부분에서 각종 보고서를 얻을
수 있다.

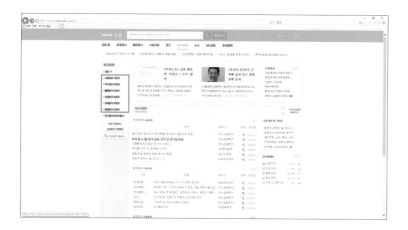

시황정보 리포트

시황정보 리포트에서는 글로벌 증시에 큰 영향을 주는 내용
을 파악할 수 있다. 대표적으로는 FTSE 지수 편입에 대한 전략,
미국과 멕시코 간 북미 자유협정에 대한 내용 등으로 글로벌 경
제뿐만 아니라 국내 경제에 큰 영향을 주는 굵직한 이슈를 파악

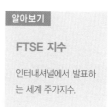

할 수 있다. 일반적으로 월말에는 해당 월의 코스피/코스닥에 대한 흐름과 그
흐름에 영향을 주었던 대외 변수에 대해 이야기하고, 다음 달 코스피/코스닥
지수의 흐름과 다음 달 증시에 영향을 줄 대외 변수에 대한 정보도 얻을 수
있다.

투자전략 리포트

투자전략 리포트에서는 글로벌, 선진국, 이머징 마켓 증시에 대해서 파악할 수 있다. 해당 리포트 중 MSCI 지수에 대한 정보를 얻어 투자할 업종을 선정할 수 있다. MSCI를 통해 어떤 업종이 시장 대비 긍정적인 평가를 받고 부정적인 평가를 받는지 확인할 수 있기 때문이다.

시황정보 리포트가 어떤 이슈가 발생했는지 알려준다면, 투자전략 리포트에서는 해당 이슈에 대한 현황을 통해 우리가 실질적으로 어떤 시각으로 투자를 진행해야 하는지 전문가의 시각을 확인할 수 있다. 다음은 한국투자증권 리포트의 내용 중 일부를 발췌했다. 투자전략 리포트에서는 다음 예시와 같이 투자할 만한 업종과 관련된 내용에 대해 대략적인 정보를 얻을 수 있다.

인프라 정책 적극 추진 시 주목할 업종으로 산업재, 에너지, 소재를 제시한다. 산업재와 소재는 경기 개선과 투자 활성화에 따른 수혜가 기대되는 대표 업종이다. 두 업종 모두 최근 3개월 기준 시장을 뛰어넘는 양호한 실적 개선세를 보이고 있다. 인프라 관련 이벤트 전후를 고려해볼 때 산업재 업종이 양호한 수익률을 보여 소재 대비 긍정적으로 평가한다. 에너지 업종은 경기 선순환 국면 진입에 따라 유가가 상승하며 양호한 수익률을 보이고 있다. 더불어 정책 수혜 및 기업 마진율 개선에 기반하여 최선호 업종으로 분류한다.

－2018. 08. 30 한국투자증권 [투자전략]-[시황]-[트럼프의 인프라 승부수] 4번째 페이지 중에서

종목분석 리포트

종목분석 리포트에서는 각 종목에 관한 구체적인 모멘텀, 시황 등을 파악할 수 있다. 시황정보 리포트와 투자전략 리포트를 활용하여 글로벌 경제의 흐름을 파악하고 업종을 선택했다면 종목분석 리포트에서는 해당 업종에서 유망한 기업을 찾고 분석하는 데 도움을 받을 수 있다. 주식 초보자는 투자할 종목에서 어떤 부분을 중점적으로 알아야 하는지 잘 모르는데 종목분석 리포트를 참고하면 해당 기업의 주요 모멘텀과 투자 포인트가 무엇인지 파악할 수 있다.

종목분석 리포트의 첫 번째 페이지에는 투자 포인트 및 결론, 주요 이슈 및 실적 전망, 주가 전망 및 밸류에이션이 나온다. 물론 해당 정보가 실질적으로 주가에 반영됐는지는 투자자가 판단해야 하지만 대략적으로 해당 기업이 어떤 부분에서 좋은 성과를 내고 있고, 어떤 포인트를 갖고 투자해야 하는지 파악할 수 있어 투자 의사 결정 시 도움이 된다.

산업분석 리포트

산업분석 리포트에서는 각 산업에서 최근 이슈가 되는 포인트를 찾을 수 있다. 산업에 대한 이슈를 파악하여 해당 이슈를 검색 포털에서 찾아보면 해당 이슈에서 가장 수혜를 입는 종목과 피해를 받는 종목을 찾을 수 있다. 예를 들어 2018년 8월 29일 하나금융그룹의 '조선' 분야의 리포트를 읽었다고 가정해보자. 투자자가 해당 리포트를 읽는다면 아마 '현대미포조선(010620)'을 관심 종목으로 선정하고 투자 포트폴리오에 추가할 수 있다. 우선 조선 분

야의 산업리포트 보고서 내용은 NAFTA 개정을 통해 미국 가솔린이 과거보다 더 많이 멕시코로 수출될 것이라는 부분이 중요하다. 미국이 멕시코로 천연가스를 수출하기 위해서는 PC 탱커가 필요한데, 이번 NAFTA 재협상 타결로 가솔린 운반량이 늘어나는 상황이다. 천연가스의 수요가 증가하기 때문에 미국은 공급을 증가하기 위해 기존보다 더 많은 PC 탱커를 보유해야 한다. 따라서 미국은 PC 탱커 주문을 넣어야 하고 이는 조선 업계의 수주량이 증가하게 되는 요인이다. 국내에서 PC 탱커 분야 1위 기업은 현대미포조선이다.

가솔린의 경우 35K급 이상인 MR 탱커와 LR 탱커에서 옮길 수 있는데 현대미포조선의 경우 두 가지 탱커를 동시에 수주할 수 있다. 이처럼 수주량이 증가하면 실적은 증가하고 힘든 시절을 견딘 조선 업종에서 단비로 작용할 수 있다. 이처럼 산업분석 리포트를 통해서 해당 업종의 주요 이슈와 관련한 종목을 파악할 수 있다.

경제분석 리포트

경제분석 리포트에서는 주로 '국내외 경제 이슈'에 관한 보고서를 집중적으로 확인할 수 있다. 국내외 경제 이슈는 미국, 중국, 러시아, 일본 등 국제와 국내 증시에 영향을 미치는 부분에 대한 내용이 담겨 있다. 예를 들면 트럼프 대통령이 연준 금리 인상을 비판했다는 이슈가 발생하면 해당 보고서에는 트럼프 대통령의 발언에 관한 내용을 축약한다. 짧은 시간에 글로벌 이슈를 파악하기를 원한다면 경제분석 리포트에서 글로벌 이슈를 체크하면 된다.

채권분석 리포트

채권분석 리포트에서는 기본 펀더멘탈, 통화 정책, 수급, 대외 요인 등 다양한 부분을 자세하게 파악할 수 있다. 채권 부분을 파악해야 하는 이유는 아무래도 증시가 위험해지고 안전자산에 대한 수요가 늘어나게 되면 채권에 대한 수요가 늘어나기 때문이다. 또한 채권분석 보고서에는 금리 인상에 관한 내용을 주로 다룬다. 그렇기 때문에 투자자가 채권분석 리포트를 통해 금리 인상으로 발생하는 전반적인 시장의 흐름을 파악할 수 있다. 최근에는 금리뿐만 아니라 디커플링, BOJ 정책 등 통화 정책에 관한 정보도 얻을 수 있다.

2일차

✅ 차트는 곧 회사의 실적!
쏙쏙 들어오는 기술적 분석

✅ 투자에 도움이 되는 지표!
보조지표 파헤치기

차트는 곧 회사의 실적!
쏙쏙 들어오는 기술적 분석

기술적 분석은 현재 투자하는 시점에서 차트의 흐름을 통해 매수를 해야 하는지 매도를 해야 하는지 파악하는 것이다. 기술적 분석은 수많은 패턴이 있고 이를 활용하여 투자자의 심리를 파악할 수 있기 때문에 투자 시 유용하게 활용할 수 있다. 또한 기술적 분석은 기업의 일반적인 정보는 다른 투자자도 안다고 가정하고 거래량과 주가의 흐름을 통해 매매 시점을 예측하는 기법이다. 그래서 기술적 분석을 차트 분석이라고 부른다. 즉, 기술적 분석은 과거 시세의 흐름과 패턴을 파악하여 일정한 법칙을 만들고 이를 활용하여 미래의 주가를 예측한다고 생각하면 된다.

기술적 분석, 왜 해야 할까?

　투자자는 성공적인 주식투자를 하기 위해서 증권 분석에 대해 알아야 한다. 증권 분석은 기본적 분석과 기술적 분석으로 나뉜다. 투자를 진행할 때는 둘 중 하나만 진행하면 한계가 있으므로 기본적 분석과 기술적 분석을 함께 해야 한다. 기본적 분석은 기업의 내재적 가치를 분석하는 분석 기법이다. 따라서 현재 주가가 실적이나 성장성 대비 저평가 상태면 매수하고 고평가라면 매도한다.

　반면 기술적 분석은 현재 투자하는 시점에서 차트의 흐름을 통해 매수와 매도를 파악한다. 기술적 분석은 수많은 패턴이 있고 이를 활용하여 투자자의 심리를 파악할 수 있기 때문에 투자할 때 유용하게 활용한다. 또한 기술적 분석은 기업의 일반적인 정보는 다른 투자자도 안다고 가정하고 거래량과 주가의 흐름을 통해 매매 시점을 예측하는 기법이다. 그래서 기술적 분석을 차트 분석이라고 부르기도 한다. 따라서 기술적 분석은 과거 시세의 흐름과 패턴을 파악하여 일정한 법칙을 만들고 이를 활용하여 미래의 주가를 예측한다고 생각하면 된다.

인터넷이 발전함에 따라 투자자가 과거만큼 정보의 차이로 추가 수익을 얻기 힘들어졌다. 기술적 분석은 투자자의 심리를 반영한다는 데 의미가 있다. 같은 정보를 갖고 있더라도 사람마다 투자전략이 다르다. 그렇기 때문에 수많은 투자 포인트가 발생하고 이에 따라 수익이 달라진다. 이것이 우리가 기술적 분석을 알아야 하는 이유다.

기술적 분석을 하기 위해서는 세 가지를 인지해야 한다. **첫째, 주가는 오직 해당 종목의 수요와 공급에 의해서 결정된다.** 수요와 공급은 결국 투자자의 심리를 대변한다. 투자자가 해당 종목의 주가가 상승할 것이라 판단하면 주식을 매수한다. 반대로 하락할 것이라 생각하면 주식을 매도한다. 이 심리는 시간이 지나도 크게 변하지 않는다. 따라서 과거에 A라는 이슈로 주가가 움직였다면 미래에 A와 유사한 이슈가 발생하면 과거와 비슷한 흐름으로 주가가 움직일 수 있다는 것에 투자 포인트가 있다. 이처럼 기술적 분석은 투자자가 과거와 유사한 의사 결정을 진행한다는 것에 초점을 둔다.

둘째, 새로운 모멘텀이 발생하지 않으면 일정한 추세를 유지한다. 물론 주가에 큰 영향을 줄 수 있는 새로운 모멘텀이 발생하면 추세의 흐름이 변할 수 있다. 하지만 주가가 한번 움직이기 시작하면 상승이든 하락이든 한 방향으로 지속적으로 움직이려는 성향이 있다.

예를 들어 주가가 일정 기간 횡보하다가 상승하기 시작하면 물량이 많이 모여 있기 때문에 상승할 때 힘이 강할 수밖에 없다. 주가가 상승하는 동안 단기적인 수익 실현 매물이 나오더라도 상승 흐름이 유지된다. 주가가 하락할 때도 마찬가지다. 하락하기 전 일정 기간 횡보하는 모습을 보이다 하락하기 시작하면 주가를 지지하려는 투자자보다 주가를 하락하게 만드는 세력이 더 강하다는 것을 알 수 있다. 이때 주가 방어에 실패했기 때문에 주가는 속절없이 밀리게 된다. 기술적 분석에서 나타나는 차트의 흐름을 보면 '전쟁'과 유사하다고 생각하면 된다. 전쟁에서도 한번 의미 있는 방어선이 뚫리게 되면 일정 지역을 전부 빼앗긴다. 이처럼 주가도 중요한 부분에서 이탈하면 한 추세를 갖게 된다.

셋째, 기술적 분석은 과거의 흐름이 되풀이된다. 우리가 역사를 공부하는 이유는 역사가 되풀이되기 때문이다. 투자자는 과거의 차트 흐름을 참고하여 목표가를 선정한다. 예를 들어 A 기업이 과거 13만 원의 고점 이후 현재 주가가 11만 원까지 하락한 상황이라고 가정해보자. 이 시점에서 만약 좋은 모멘텀이 발생하면 전 고점까지 상승 가능성을 열어두고 접근하기 때문에 투자자는 목표주가를 13만 원으로 설정한다. 즉, 투자자는 해당 종목을 새로운 시점으로 바라보기보다는 과거에 의사 결정했던 결과를 바탕으로 투자를 진행한다는 것이다.

기술적 분석은 크게 세 가지 이유로 투자자에게 관심을 받는다. **첫째, 기술적 분석은 투자자의 심리를 파악할 수 있다.** 기본적 분석은 기업의 정보를 파악하는 분석 방법이기 때문에 투자자의 심리를 전혀 알 수 없다. 예를 들어

3장_차트는 곧 회사의 실적! 쏙쏙 들어오는 기술적 분석

실적이나 성장 모멘텀은 충분하지만 오히려 주가가 하락하는 종목이 많다. 2018년 7월 기준으로 '비아트론(141000)'이나 '유진테크(084370)'를 보면 알 수 있다. 두 종목은 역대 최대 실적을 기록하는 등 긍정적인 모멘텀이 발생했지만 주가는 오히려 꾸준히 하락하는 모습을 보였다. 이처럼 주가가 하락하는 이유는 투자자의 심리가 좋지 않기 때문인데 이는 기본적 분석으로는 파악할 수 없는 부분이다. 투자자는 기본적 분석을 통해 해당 종목이 저평가되어 있는지 고평가되어 있는지는 파악할 수 있다. 종목 자체의 모멘텀은 좋을 수 있으나 글로벌 리스크가 발생하여 투자심리가 악화되는 상황이 발생하면 충분히 주가는 하락할 수 있다.

둘째, 기술적 분석은 투자 시점을 파악할 수 있다. 기술적 분석은 과거의 흐름을 분석하여 미래의 주가를 예측하는 것이다. 따라서 투자자가 기본적 분석을 통해 투자할 종목을 선정했다면 기술적 분석을 활용하여 투자 시점을 포착해야 한다. 현재 주가의 위치, 이평선의 움직임, 특정한 패턴 등 다양한 기술을 활용하면 투자 시점을 파악할 수 있다.

셋째, 기술적 분석은 하나의 분석 기법을 만들면 다양한 종목에 적용할 수 있다. 기본적 분석은 각 기업별로 모멘텀이나 실적 등이 다르기 때문에 기업별 분석을 다르게 진행해야 한다. 물론 경제분석과 산업분석은 활용할 수 있지만 업황이 좋아도 개별적인 기업 모멘텀이 좋지 않으면 실패할 가능성이 크다. 결국 기본적 분석은 한 번에 하나의 기업에만 활용이 가능하다. 그리고 경제분석, 산업분석, 기업분석을 동시에 진행해야 하기 때문에 시간이 오래 걸리는 단점이 있다. 즉, 기본적 분석은 동시에 여러 가지 종목을 투자하는 것이 불가능하다. 하지만 기술적 분석을 활용하면 동시에 여러 종목을 투자할 수 있고 빠르게 투자전략을 세워 대응할 수 있다는 장점이 있다.

　다만 기술적 분석도 한계가 있다. **하나는, 미래의 불확실성이다.** 기술적 분석은 과거의 패턴 흐름을 통해 미래를 예측한다. 하지만 실제로 투자하다 보면 과거와 다른 패턴이 너무나도 많이 발생한다. 즉, 과거의 사례로만 투자하면 투자에 실패할 가능성이 크다. 그리고 차트의 유형은 소위 만 가지가 된다고 한다. 비슷한 차트 흐름처럼 보이지만 실질적으로 이후 주가의 방향은 크게 달라질 수 있다. 패턴을 오인하고 잘못된 목표가를 선정하면 투자에 실패할 수밖에 없다. 모든 차트를 파악할 수 없기 때문에 미래에 대한 불확실성이 드러나는데, 이것이 바로 기술적 분석의 한계다.

　다른 하나는, 차트 해석에서 차이가 발생한다는 점이다. 같은 종목, 같은 시점에 투자를 진행해도 투자자마다 투자전략이 다르게 나타난다. 이는 어떤 포인트를 잡고 투자하는지에 따라 투자전략이 달라지기 때문이다. 같은 상황이지만 투자자의 심리는 다르게 나타날 수 있다. 기술적 분석은 적중률을 높이는 데 한계가 있다.

3장_차트는 곧 회사의 실적 쏙쏙 들어오는 기술적 분석

캔들이 무엇인가

캔들이 무엇인지 알기 위해 먼저 캔들 차트의 유례를 살펴보자. 캔들 차트는 1700년대 일본에서 개발됐다. 에도 막부 시절 오사카에는 쌀을 거래하는 곡물 거래소가 있었다. 당시 일본에서는 쌀을 현금처럼 활용했기 때문에 수확량과 사재기 등 다양한 요인에 따라 쌀 가격의 변동이 심했다. 당시 오사카 상인이던 혼마 무네히사는 쌀 시장의 단기적인 가격 변동에 파산할 뻔했다. 이를 극복하기 위해 쌀 가격의 변동을 파악할 수 있는 방법을 고안했다. 마침내 과거의 쌀 가격 동향으로 미래의 쌀 가격을 예측하기 시작했다. 이는 세계 최초로 기술적 분석을 통해 거대한 자산을 모으게 된 사례다.

쌀 거래는 1600년대 말 오사카 항구에서 이뤄지기 시작했고, 1710년 이후에는 쌀 증권으로 승인받아 정식으로 공표되어 선물거래를 시작했다. 당시 상인들은 별이나 막대기 등 각자의 모양으로 가격 변동을 표시했다. 혼마는 상인들이 기록한 내용을 바탕으로 정리된 표를 만들었다. 이 표를 기반으로 캔들 차트를 만든 것이다. 캔들 차트가 나온 이후 불규칙한 쌀 거래를 객관화했고 이를 통해 가격을 성공적으로 예측했다. 캔들 차트를 일본식 차트(Japanese Candle Chart)라 부르기도 한다.

캔들의 구성 요소

왜 캔들이라고 이름을 붙였을까? 이는 캔들 모양을 보면 단번에 알 수 있다. 캔들이 양초와 비슷하게 생겼기 때문이다. 캔들의 구조는 각각 의미하는 바가 있다. 가장 먼저 확인해야 하는 것은 '캔들의 색'이다. 캔들의 기반이 되는 몸통은 시가와 종가의 차이를 의미한다. 이때 빨간색 캔들, 빨간색 몸통(양봉)은 종가가 시가보다 높다. 즉, 장이 시작했을 때 가격보다 장이 마감된 이후 가격이 더 높은 것을 의미한다. 그렇기 때문에 캔들의 색만 봐도 주가의 흐름을 파악할 수 있다. 파란색 몸통(음봉)은 빨간색 몸통과 반대다. 따라서 장이 시작했을 때 가격이 장이 마감된 이후 가격보다 높다는 것을 알 수 있다. 파란색 몸통이 나타나면 주가가 하락했다는 의미다.

캔들을 이해하기 위해 캔들의 구성 요소인 시가, 종가, 저가, 고가를 알아야 한다. 시가와 종가는 캔들의 몸통을 형성한다. 시가는 시작한 가격을 말하고 종가는 끝날 때 가격을 말한다. 저가와 고가는 하루의 거래일 동안 가장 낮은 가격과 높은 가격을 말한다. 우리가 캔들의 구조를 정확하게 알아야 하는 이유는 캔들 하나하나에 의미가 담겨 있기 때문이다. 차트를 분석하기 위해서는 이런 수많은 캔들을 매 순간 빠르게 해석해야 한다. 따라서 캔들이 의미하는 바를 빠르게 파악하기 위해서라도 캔들의 구성 요소를 정확하게 이해해야 한다. 캔들은 각각의 의미도 있지만 더 명확한 판단을 위해서는 여러 가지의 캔들이 모여야 한다.

캔들의 기본 형태

장대양봉

장대양봉은 장중 시가와 종가의 차이가 큰 경우에 나타난다. 장대양봉은 몸통이 이전 캔들에 비해 월등히 크게 나타난 것을 의미한다. 일반적으로 장대양봉이 나오면 의미 있는 시점이라 생각하면 된다. 하락장에서 장대양봉이 나타나면 반등의 신호로 인식하기도 한다. 반대로 상승장에서 장대양봉이 나타나는 것은 지속적인 상승을 의미한다.

장대음봉

장대양봉과 마찬가지로 시가와 종가의 차이가 큰 경우에 나타나며 하락을 의미한다. 하락장에서 장대음봉이 나오면 지속적으로 하락한다는 신호로 인식한다.

도지

시가와 종가가 일치하는 봉으로 위아래 생기는 꼬리의 형태는 다양하다. 도지는 시장에서 매수세와 매도세의 힘이 유사하다는 것을 의미한다. 도지 이후 일반적으로 큰 흐름의 변화가 발생할 가능성이 크기 때문에 추세의 변화를 나타내는 신호로 인식하기도 한다.

그레이브 스톤 도지

전쟁터의 비석 모양에서 유래했으며 시가 이후 강한 상승 흐름을 보이다가 종가가 시초가에 일치하거나 근접한 경우 발생한다. 상승 추세에서 그레이브 스톤 도지가 발생하면 하락 반전할 가능성이 크다. 꼬리가 길수록 강한 신호로 인식한다.

드래곤 플라이 도지

잠자리형이라고도 부르며 시가와 고가, 종가가 거의 일치할 때 발생한다. 몸통은 거의 없는 모습이 대부분이다. 이전 추세가 하락 추세였다면 상승 전환될 가능성이 크고, 반대로 이전 추세가 상승 추세였다면 하락 전환될 가능성이 크다.

포 프라이스 도지

시가, 고가, 저가, 종가가 모두 같을 때 나타난다. 대부분 하루 종일 거래가 형성되지 않다가 종가에만 형성되는 경우로 발생 확률이 굉장히 낮다. 보통 종목이 신규 상장을 하거나 대형 호재 혹은 악재가 발생했을 때 나타난다.

화이트 마르보즈

몸통의 위아래에 꼬리가 전혀 없는 형태다. 시가와 저가가 같고 종가가 고가와 같을 때 형성된다. 일반적으로 상승 추세에 나타나면 강력한 상승 장세를 의미하고 하락 추세에 나타나면 지지 구간으로 본다.

블랙 마르보즈

화이트 마르보즈와 같이 몸통의 위아래에 꼬리가 없다. 즉, 화이트 마르보즈의 반대 개념으로 생각하면 되는데, 시가와 고가가 같고, 종가와 저가가 같은 형태다. 하락 추세에서는 강력한 하락 신호로 보고 상승 추세에서는 하락 전환할 수 있는 신호로 본다.

오프닝 마르보즈

위 꼬리가 있는 장대양봉 모습으로, 시가와 저가가 일치하여 아래쪽 꼬리가 없다. 즉, 종가와 고가와의 차이만 있다. 화이트 마르보즈보다는 약한 신호이지만 상승 추세에서 나타나면 지속적인 상승으로 인식한다.

클로징 마르보즈

시가가 고가이거나 저가 그리고 종가가 고가이거나 저가인 캔들 형태로 하루 가격 변동 폭이 매우 클 때 나타난다. 일반적으로 양봉일 땐 강세 국면을, 음봉일 땐 약세 국면을 나타내는데 양봉이면 종가에 위 꼬리가 없고, 음봉이면 종가에 아래 꼬리가 없는 형태다. 일반적으로 오프닝 마르보즈보다는 더 강력한 신호로 구분한다.

스피닝 탑스

몸통의 길이에 비해 꼬리의 길이가 상당히 긴 형태다. 일반적으로 강세와 약세의 형세가 애매한 국면에서 매수세와 매도세가 팽팽한 눈치를 보일 때 나타난다. 보통 추세의 전환 시점이나 지지나 저항이 크게 발생되는 구간에서 자주 나타난다.

3장_차트는 곧 회사의 실적! 쏙쏙 들어오는 기술적 분석

기술적 분석의 기본 지표, 이동평균선 파헤치기

이동평균선의 주요 특징

1. 추세 변화를 빠르게 알아볼 수 있다.

2. 쉽게 파악할 수 있지만 오차 발생 가능성이 크다.

이동평균선은 기술적 분석의 기본이 되는 지표다. 사람들이 '이평선'이라고 부르는 이동평균선이 의미하는 것은 무엇일까? 이동평균선은 주가 예측을 좀 더 정확하게 하기 위해 주가 변동의 불규칙성을 제거하고 일정 기간 주가의 변동치를 평균한 선이다. 이동평균선을 알아야 하는 이유는 투자자가 빠르게 매수, 매도 지점을 찾을 수 있기 때문이다. 다만 이동평균선은 과거 주가를 평균하여 미래 주가를 예측하기 때문에 오차가 발생할 가능성이 크고 후행성의 특징을 갖는다. 이동평균선은 HTS에서 쉽게 정보를 확인할 수 있어 활용도가 높다. 기본적으로 5일 이동평균선, 20일 이동평균선, 60일 이동평균선, 120일 이동평균선으로 구성되어 있다. 투자자에 따라 이동평균선의 기간을 다르게 설정하는 경우도 있다.

5일 이동평균선

5일 이동평균선은 5거래일 동안의 평균 매매가격으로 단기 매매선이라고 부른다. 5일 이동평균선의 경우 단기 추세를 파악하는 데 중요한 역할을 한다. 현재 주가 수준과 가장 밀접하게 움직이는 선이기 때문이다. 단기 이동평균선의 기울기에 따라 최근의 변동 흐름을 예측할 수 있다.

10일 이동평균선

10일 이동평균선은 5일 이동평균선과 같이 단기 이동평균선으로 분류한다. 단기적으로 5일 이동평균선과 10일 이동평균선이 교차할 때 주가의 흐름이 변화하는 경우가 있다. 단기적인 흐름이 빠를수록 5일선과 10일선의 거리(이격)가 떨어지는 특징이 있다.

20일 이동평균선

20일 이동평균선은 다소 차이는 있지만 약 1개월간의 평균 매매가격으로, 심리선 혹은 생명선이라고도 부른다. 그만큼 일봉 차트에서 20일 이동평균선이 차지하는 비중은 절대적이다. 20일 이동평균선의 흐름을 보고 상승 추세가 유지되는지 아닌지 파악할 수 있다. 20일 이동평균선은 한 달 동안의 평균 가격이기 때문에 시세의 연속성을 갖는다. 일반적으로 20일선 위에서 움직이는 종목의 경우 상승 추세가 이어지고 있다고 본다.

60일 이동평균선

60일 이동평균선은 3개월간의 평균 매매가격으로, 중기적인 수급선이라고 부른다. 일반적으로 5일선과 20일선, 60일선이 차례로 위치하면 정배열 상태로 인식한다. 60일 이동평균선은 중기적인 의미를 지니므로 상승하는 상태에서 60일 이동평균선이 상단에 위치하면 목표가로 설정하기도 한다. 하락 상태에서는 60일선이 주가의 주요 지지선 역할을 하는 경우가 많고 손절라인으로 체크하기도 한다. 일반적으로 바닥권에서 5일선이 20일선을 상향 돌파하는 골든크로스가 발생했을 때 추격 매수에 들어가는 경우가 많다. 단기 골든크로스의 경우 기술적인 반등으로만 끝나는 사례가 많아 신뢰도를 높이기 위해서는 60일선을 상향 돌파하는지를 파악하고 접근하면 좋다. 일반적으로 60일선을 하향 돌파하거나 상향 돌파하였을 때 시세의 연속성이 발생했다고 이해한다.

120일 이동평균선

120일 이동평균선은 6개월간의 평균 매매가격으로, 장기적 추세선이라고 부른다. 일반적으로 주식은 경기보다 6개월 이상 선행하는 경향이 있다. 이 때문에 120일 이동평균선을 기본 이평선으로 많이 활용한다. 120일 이동평균선은 지수의 상승 흐름과 하락 추세를 파악할 수 있다는 점에서 의미가 있다. 일반적으로 주가가 본격적인 상승 랠리로 접근했는지 파악하기 위해 120일선을 돌파했는지를 확인한다. 만약 120일선을 돌파하지 않고 120일 이동평균선을 하회하고 있다면 본격적인 랠리가 시작되지 않았다고 인식한다. 따라서 급격한 상승보다는 장기적인 추세로 접근하는 경우가 많다. 이 경우 주가는 기본 펀더멘털을 기반으로 점진적으로 움직인다. 120일선은 장기 이동평균선이므로 단기적인 주가 흐름은 바로 반영되지 않는다.

이동평균선의 경우 기준점을 어디에 두는지에 따라 정말 다양하게 활용할 수 있다. 각각의 의미뿐만 아니라 추세적인 부분, 지수의 흐름에 따른 종목의 변화 흐름 등 다양하게 활용할 수 있으므로 이평선의 움직임을 이해하기 위해 노력해야 한다. 지금까지 이동평균선이 어떤 의미를 갖고 있는지 파악했다. 이제 이동평균선을 활용하여 투자에 어떻게 활용할지 알아보자.

이동평균선은 단기·중기·장기 이동평균선으로 분류하며 각각의 특성에 따라 주가의 지지선이나 저항선의 역할을 수행한다. 이동평균선을 이용한 대표적인 투자 방식은 '이격도'가 있다. 이격도를 활용하여 주가를 예측하는 방법으로는 방향성 분석, 지지선·저항선 분석, 이격도 분석, 크로스 분석, 밀집도 분석, 그랜빌의 8법칙 등이 있다.

방향성 분석

방향성 분석은 각각의 이동평균선이 어떤 흐름을 갖는지를 파악하는 것이다. 일반적으로 주가의 방향에 따라 5일 이동평균선부터 120일 이동평균선까지 순서대로 움직인다. 상승 추세에서는 5일선부터 차례로 120일선까지 상승하는 모습으로 변동되고, 하락 추세에서는 5일선부터 120일선까지 순서대로 하락하는 모습을 보인다. 단기(5, 20일 이동평균선), 중기(60일 이동평균선), 장기(120일 이동평균선)의 경우도 마찬가지다. 물론 주식 시장에서 이동평균선이 항상 순서대로 움직이지는 않지만 일반적으로 상승, 하락 추세에서 정배열과

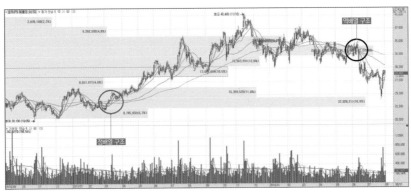

[원익IPS 일봉]

역배열이 나타났을 때 이동평균선을 통해 주가의 방향을 파악할 수 있다.

정배열

단기 이동평균선에서 중·장기 이동평균선 순으로 차례로 나열된 상태를 말한다.

역배열

120일선이 가장 위쪽에 위치하고 60일선과 20일선 순으로 정렬된다. 정배열과 반대의 모습이다.

주가는 일반적으로 정배열이 나타나면 크게 상승하고 역배열일 때는 하락한다. 따라서 주가가 상승 추세일 때 정배열이 나오면 더욱 강한 추세의 흐름으로 매수를, 하락 추세일 때 역배열이 나타나면 매도로 대응 전략을 진행하면 된다.

지지선·저항선 분석

주가가 하락하거나 상승할 땐 각 이평선이 지지선과 저항선으로 작용한다. 일반적으로 하락 추세에 있던 이동평균선이 상승 추세로 전환할 때 단기 이평선 위에 있는 중기, 장기 이평선이 저항선으로 작용하고 상승 추세에 있다가 하락 추세로 변환할 땐 중기, 장기 이평선이 지지선으로 작용하게 되는데, 이런 분석 방식을 지지선과 저항선 분석이라고 말한다.

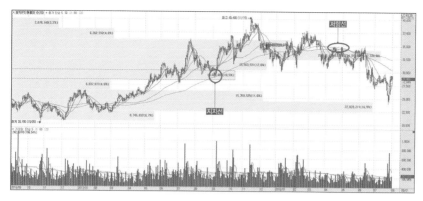

이격도 분석

주가와 이동평균선이 떨어져 있는 정도를 '이격도'라 한다. 주가는 일반적으로 이동평균선의 중심에서 움직이려고 하는 특성이 있기 때문에 지나치게 이동평균선 위쪽이나 아래쪽으로 떨어져 있는 경우는 이평선을 향해 주가가 다시 움직일 수 있다고 가정해야 한다.

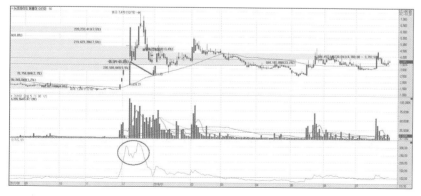

3장_차트는 곧 회사의 실적! 쏙쏙 들어오는 기술적 분석

크로스 분석

크로스 분석은 '골든크로스'와 '데드크로스'로 유명하다. 단기 이동평균선이 장기 이동평균선을 아래에서 위로 상향 돌파할 때 골든크로스가 발생했다고 이야기한다. 골든크로스는 전형적인 매수 신호로 본다. 데드크로스는 단기 이동평균선이 장기 이동평균선을 위에서 아래로 하향 돌파하는 것으로, 전형적인 매도 신호로 본다. 일반적으로 크로스 분석은 5일 이동평균선과 20일 이동평균선, 20일 이동평균선과 60일 이동평균선을 활용하여 매수와 매도 시점을 파악한다.

[삼성전기 일봉]

[삼성전기 일봉]

밀집도 분석

일반적으로 주식 시장에서는 각 이동평균선이 한 지점에 모이게 되는 시점을 시세의 전환으로 생각한다. 이동평균선의 간격이 멀어질수록 기존 추세가 계속되고 멀어지던 간격이 좁혀지면 추세의 전환이 다가오고 있다고 인식한다. 이동평균선이 매집하고 발산을 시작할 때 거래량을 동반하는 경우 방향에 따라 급등 혹은 급락이 나타날 수 있다.

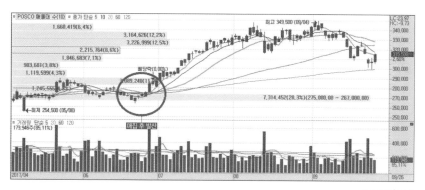

[POSCO 일봉]

그랜빌의 8법칙

그랜빌은 주가와 이동평균선을 활용하여 매수 시점과 매도 시점을 파악할 수 있는 8가지 기법을 개발했다. 이를 '그랜빌의 법칙'이라고 한다. 그랜빌의 법칙은 이동평균선과 주가의 흐름을 파악하는 데 중장기 이동평균선을 활용하는 경우가 많다. 단기적으로 활용하려면 20일 이동평균선을 기준으로 진행하면 된다.

3장_차트는 곧 회사의 실적 쏙쏙 들어오는 기술적 분석

매수 4법칙

① 매수 1법칙

이동평균선이 하락하다 주가와 만나는 지점 근처에서 평행 혹은 상승하기 시작할 때 주가가 이를 뚫고 강하게 상승하는 경우 '매수' 신호로 인식한다.

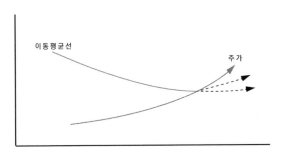

② 매수 2법칙

이동평균선은 상승하고 있는데 주가가 이동평균선 아래로 하락했다가 다시 이동평균선으로 회귀하는 모습을 보이면 '매수' 신호로 인식한다. 이 경우에는 주가가 이동평균선 아래로 하락하는 것은 단기적인 주가 하락으로 간주한다.

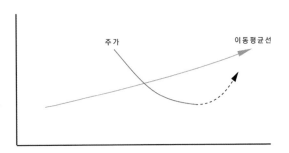

③ 매수 3법칙

이동평균선은 상승하고 주가는 이동평균선 위에서 움직임을 보이는 상황에서 주가가 이동평균선으로 하락하다가 상승하는 경우 '매수' 신호로 본다. 이 경우는 이동평균선이 지지선 역할을 한다.

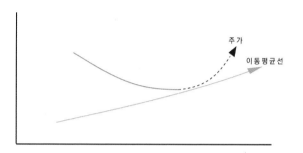

④ 매수 4법칙

주가와 이동평균선 모두 하락하는 상황에서 주가가 이동평균선 아래로 급격하게 하락했다가 이동평균선 쪽으로 회귀하는 모습을 보일 때 '매수' 신호로 인식한다. 이 경우 단기적인 이격도의 움직임에 따라 주가의 변동이 발생하므로 단기적인 관점으로 접근해야 한다.

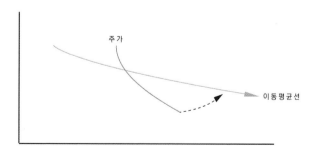

매도4법칙

① 매도 1법칙

이동평균선은 상승하다 평행 혹은 하락 국면으로 전환되는 시점에 주가가 이동평균선 아래로 하락 돌파하는 경우로 '매도' 신호로 인식한다.

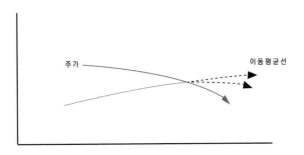

② 매도 2법칙

이동평균선이 지속적으로 하락할 때 주가가 상승 돌파하는 상황이 나오면 주가의 회귀성이 발생하여 주가는 이평선을 따라 재차 하락할 가능성이 크다. 그러므로 단기적인 수익 실현 이후 '매도' 신호로 인식하는 것이 좋다.

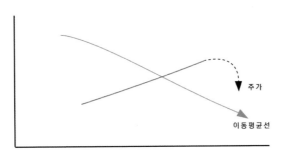

③ 매도 3법칙

주가가 이동평균선 아래에서 위로 상향 돌파하지 못하는 상황에서는 저항선을 뚫고 올라가지 못했기 때문에 다시 하락하는 경우로 '매도' 신호로 본다. 이 시점에는 저항선에 있는 세력이 강하기 때문에 단기적인 실망 물량이 추가로 나올 가능성이 크고 주가의 추가 하락이 가능하다.

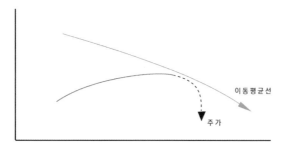

④ 매도 4법칙

주가가 이동평균선을 강하게 상승 돌파한 이후 다시 하락할 가능성이 생기는 경우 이격도에 따른 단기적 회귀가 발생할 수 있기 때문에 '매도' 신호로 본다. 이때 투자자는 단기적인 관점으로 접근해야 한다.

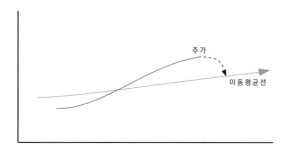

　주식은 이슈도 중요하지만 투자하는 사람의 심리가 크게 작용한다. 투자자는 비슷한 이슈에 대해서는 동일한 의사 결정을 내리는 경우가 많으므로 비슷한 차트 흐름이 반복되어 나타난다. 일정한 패턴을 익히면 유사한 이슈가 발생했을 때 빠르게 대응할 수 있다. 여러 가지 패턴을 이해하기 위해서는 반드시 과거 차트를 분석해야 한다. 애초에 패턴분석은 과거 사례를 통해 미래의 흐름을 예측하기 위해 만들어진 투자 방식이다. 주식 시장에는 정말 많은 패턴이 있기 때문에 자신에게 잘 맞는 패턴을 찾아 자신만의 투자 기법으로 활용하는 것이 중요하다.

　패턴은 크게 두 가지로 나뉜다. 특정 패턴이 완성된 이후 주가의 흐름이 이전과는 반대로 나타나면 '반전형 패턴'이라고 하고, 주가의 흐름이 패턴이 완성되기 전 흐름과 동일하게 나타나면 '지속형 패턴'이라 한다.

패턴분석에서 주의할 점

차트는 만 가지가 넘는다고 할 만큼 많은 패턴 유형이 존재한다. 비슷하게 생긴 차트 중에서도 투자자의 심리에 따라 다른 결과가 나올 수 있다. 일반적인 투자자는 모든 차트의 패턴을 파악할 수 없다. 게다가 과거의 차트 흐름이 미래에도 비슷하게 나타난다는 보장이 없기 때문에 한계가 있다. 패턴분석은 거래량과 보조지표 등 다양한 요인과 함께 파악해야 적중률을 높일 수 있다.

반전형 패턴

반전형 패턴은 기존의 시장 가격과는 움직임이 반대로 나타나는 것을 알려주는 패턴이다. 반전형의 경우 흔히 헤드앤숄더, 3중 천장형, 2중 천장형, 원형, V자형 패턴 등이 있다. 우선 각각의 요소를 파악하기 전에 공통적으로 적용되는 반전형 패턴의 성격을 알아보자.

반전형 패턴의 공통적인 성격

① 추세의 여부

반전형 패턴은 앞에 지속된 흐름과 정반대의 흐름을 보이는 것이다. 만약 반전형처럼 보이는 패턴이 나왔는데 직전 추세가 없다면 반전형 패턴으로 보기에는 어려움이 있다. 따라서 직전 추세를 확인해야 한다. 추세의 흐름을 파악하기 위해서는 추세선을 확인하면 된다.

② 패턴의 크기

패턴의 전환을 빠르게 파악할 수 있는 것 역시도 흐름이 얼마나 크게 나타나는지에 따라 달렸다. 패턴 전환의 모양은 나왔지만 거래량이 뒷받침해주지 못한다거나 근소한 박스권 안에서 추세의 변화가 감지되면 추세의 변화인지 횡보의 흐름이 유지되는 것인지 알기 어렵다. 이처럼 패턴의 크기나 패턴이 나오기까지 얼마나 많은 시간이 걸렸는지에 따라서 패턴의 가능성이 커진다.

③ 거래량

거래량은 패턴의 기본 요소라고 할 수 있다. 의미 있는 패턴이 나오기 위해서는 많은 거래량이 발생해야 한다. 주가가 급등할 때를 생각해보자. 급등할 때 거래량이 적은 경우는 유통 주식 수가 적기 때문이다. 일반적으로 크게 주가가 움직일 때에는 많은 거래량이 발생한다. 만약 반전 신호가 나왔지만 거래량 부분에서 충족되지 않았다면 해당 신호를 다시 한번 점검해볼 필요가 있다.

④ 천장형 or 바닥형

일반적으로 천장형의 경우 바닥형보다 생성되는 기간이 짧다. 가격의 변동도 급격하게 이뤄진다. 상승 속도가 빠른 만큼 하락할 때도 빠르게 움직인다. 하지만 바닥형은 점진적으로 발생되기 때문에 천장형보다 투자하기 수월하고 안정성과 신뢰도가 높다. 주가의 변동성은 천장형보다 다소 낮다.

헤드앤숄더 & 역헤드앤숄더 패턴

헤드앤숄더 패턴은 상승 추세 이후에 형성되기 때문에 직전의 추세가 상승 추세인지 파악하는 것이 중요하다. 만약 이전에 상승 추세가 있지 않다면 패턴에 대한 기본 가정이 틀리기 때문에 분석이 무의미하다는 것을 인지하자.

헤드앤숄더 패턴이 완성되면 일반적으로 주가가 상승 추세에서 하락 추세로 전환된다. 이 패턴은 상승과 하락이 총 3번씩 반복적으로 나타나는데, 이 과정에서 3개의 봉우리가 형성된다. 왼쪽 봉우리를 왼쪽 어깨, 가운데 봉우리를 머리, 오른쪽 봉우리를 오른쪽 어깨라 한다. 가운데 봉우리가 머리 부분이기 때문에 가장 고점이어야 하고 좌우의 높이는 고점에 비해서 낮고 비슷한 위치에 있다.

일반적으로 왼쪽 어깨가 만들어지면서 헤드앤숄더 패턴이 시작된다. 상승 추세 동안 진행 중인 추세에서 고점을 기록하고 조정이 나오며 왼쪽 어깨가 형성된다. 이때 왼쪽 어깨는 주가가 주추세선을 따라 큰 폭으로 상승하고 거래량이 크게 증가하며 일반적으로 가장 큰 거래량을 수반하는 것이 특징이다. 머리 부분은 왼쪽 어깨의 저점에서부터 상승하여 전 고점을 돌파하고 새로운 고점을 형성한다. 새로운 고점을 기록한 이후 하락이 나타나며 하락할 땐 왼쪽 어깨의 바닥 수준까지 하락하는 특징이 있다. 거래량은 충분히 형성되기는 하지만 왼쪽 어깨가 생성될 때만큼 많지는 않다. 머리에서 하락한 저점에서부터 다시 상승이 나타나며 이때 고점은 머리의 약 2/3 수준이거나 왼쪽 어깨의 고점과 유사한 경우가 있다. 좌우 대칭이 나왔을 때 가장 이상적인 헤드앤숄더 패턴이라고 알려져 있지만 실제로는 비슷한 형태로 나타나는 경우가 많다. 오른쪽 어깨에서는 거래량이 현저하게 줄어드는 것이 특징이다.

목선

목선은 일반적으로 왼쪽 어깨의 저점과 머리의 저점 부분을 연결한 선을 말한다. 두 저점의 관계에 따라 목선은 상승, 하락, 평행에 따른 기울기를 갖는다. 목선의 기울기는 패턴의 강도에 영향을 준다. 특히 하락 기울기의 경우 상승 기울기에 비해 강도가 크다고 본다. 헤드앤숄더 패턴의 경우 목선의 지지가 붕괴돼야만 패턴이 완성된다. 그러므로 만약 지지가 되고 있다면 상승 추세가 유효한 것으로 판단하고 투자전략을 세우면 된다. 일반적으로 목선이 붕괴되는 경우에는 거래량을 수반하는 경우가 많다.

[CJ제일제당, 헤드앤숄더 패턴 예시]

역헤드앤숄더 패턴은 헤드앤숄더 패턴을 뒤집어 놓은 것이다. 따라서 역헤드앤숄더는 주가가 하락 추세에서 상승 추세로 반전할 경우 나타난다. 거래량은 헤드엔숄더와 달리 왼쪽 어깨부터 오른쪽 어깨 순으로 증가한다. 하락 추세에서 상승 추세로 바뀌기 위해서는 강한 지지대(목선)를 뚫고 상향 돌

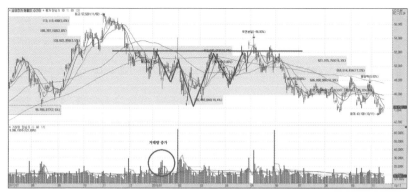

[삼성전자, 역헤드앤숄더 패턴 예시]

파를 해야 하기 때문이다. 저항선을 돌파하기 위해서는 많은 거래량이 필요하기 때문에 일반적으로 오른쪽 어깨에서 가장 큰 거래량을 수반한다.

3중 천장형 & 3중 바닥형 패턴

앞서 살펴본 헤드앤숄더와 역헤드앤숄더 역시도 3중 천장형과 3중 바닥형에 해당한다. 다만 3중 천장형과 3중 바닥형의 경우 헤드앤숄더와 역헤드앤숄더 패턴의 변형이라는 인식이 있다. 3중 천장형과 3중 바닥형은 고점이 거의 유사한 위치에 있기 때문이다. 즉, 3중 천장형의 경우 고점이 같은 위치 부근에서 형성되고 해당 지점을 연결하게 되면 하나의 저항선이 생긴다. 그렇기 때문에 주가 하락이 발생하고 상승 돌파하지 못한 실망 매물이 쏟아져 나오면서 주가가 하락하는 경우가 많다. 3중 바닥의 경우 전 고점을 돌파할 때 주가가 상승 추세로 변화할 가능성이 있다. 이때 해당 종목은 투자자에게 기대를 받으며 매수세가 몰린다. 거래량은 폭발적으로 나타나고 급등 혹은 의미 있는 양봉이 발생한다.

3장_차트는 곧 회사의 실적! 쏙쏙 들어오는 기술적 분석

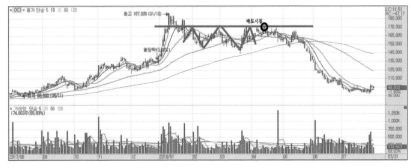

[OCI, 3중 천장형 패턴 예시]

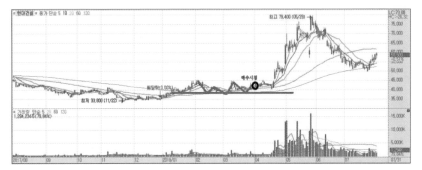

[현대건설, 3중 바닥형 패턴 예시]

2중 천장형 & 2중 바닥형 패턴

2중 천장형과 2중 바닥형은 '쌍봉', '쌍바닥'이라는 용어로 더 친숙하다. 그만큼 주식 시장에서 자주 볼 수 있는 패턴이다. 2중 천장형은 일반적으로 첫 번째 고점이 두 번째 고점보다 높은 경우가 많다. 신뢰도상으로는 3중 천장형과 마찬가지로 두 고점의 높이가 같으면 더 높다. 일반적으로 첫 번째 고점에 주가의 상승 폭이 더 클 가능성이 있기 때문에 더 많은 거래량을 수반하는 경우가 많다. 이 패턴의 경우 두 봉우리를 형성하는 데까지 걸리는 시간이 오래 걸릴수록 신뢰도가 높다고 평가한다.

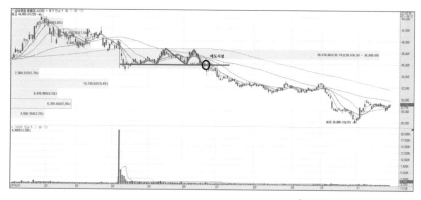

[삼성증권, 2중 천장형 패턴 예시]

[컴투스, 2중 바닥형 패턴 예시]

원형 천장형 & 원형 바닥형 패턴

원형 패턴에는 원형 천장형과 원형 바닥형이 있다. 원형 패턴은 그릇형 혹은 접시형이라고 부르기도 하며 오랜 기간에 걸쳐 형성되기 때문에 자주 발생하는 패턴은 아니다. 주가의 움직임과 거래량의 움직임이 비슷한 것이 특징이다. 천장형과 바닥형 모두 추세 중간에 평행을 이루고 새로운 방향을 갖는다. 물론 도중에 급등의 여부가 발생할 수는 있다. 일반적으로 짧게 나오는 것보다는 긴 추세로 나오는 것이 신뢰도가 높다.

3장_차트는 곧 회사의 실적! 쏙쏙 들어오는 기술적 분석

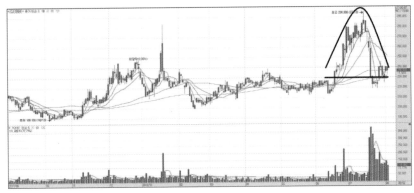

[CJ ENM, 원형 천장형 패턴 예시]

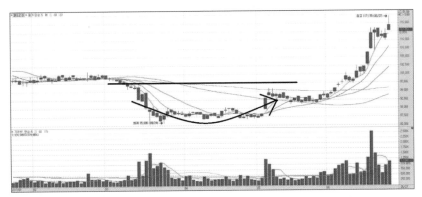

[셀트리온, 원형 바닥형 패턴 예시]

V자형 & 역V자형 패턴

일반적으로 캔들의 움직임은 서서히 모습을 만들어가는 경우가 많다. 하지만 V자형과 역V자형은 다르다. 급격한 모멘텀에 영향을 받아 예고 없이 추세의 전환이 나타난다. 이 패턴은 워낙 급격하게 발생되기 때문에 해당 흐름이 지나고 나서 파악하는 경우가 많다. 일반적으로 상승할 때보다 하락할 때 기울기가 더 크게 나타난다.

[베셀, V자형 패턴 예시]

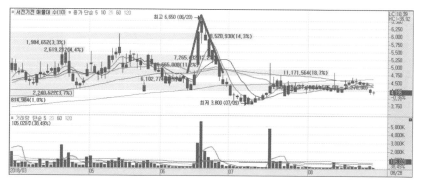

[서전기전, 역V자형 패턴 예시]

지속형 패턴

지속형 패턴은 반전형과 다르게 패턴이 완성되더라도 직전의 추세를 이어간다. 즉, 상승 추세에서 지속형 패턴이 나오면 추가적인 상승 추세가 발생하여 주가는 상승한다. 하락 추세에서 지속형 패턴이 나오면 추가적인 하락 추세가 발생하여 주가는 하락한다. 이 때문에 지속형 패턴을 일종의 쉬는 기간으로 인식하기도 한다. 지속형 패턴에는 삼각형(대칭, 상승, 하락), 깃발형, 쐐기형, 직사각형 패턴 등이 있다.

3장_차트는 곧 회사의 실적! 쏙쏙 들어오는 기술적 분석

삼각형 패턴

삼각형 패턴은 크게 대칭 삼각형, 상승 삼각형, 하락 삼각형이 있다. 삼각형 패턴은 일반적으로 1개월 이상 3개월 이하의 기간으로 형성되는 패턴이다. 만약 1개월 미만으로 형성되었다면 삼각형 패턴으로 보지 않고 깃발형 등 다른 패턴으로 인식한다. 삼각형 패턴은 차트상에서 가장 빈번하게 일어나는 지속형 패턴 중 하나인데, 반복적인 등락이 발생하며 점점 주가의 모양이 삼각형을 이룬다. 보통 꼭지로 모이게 되는 사이에 횡보를 하거나 박스권 움직임을 보이기 때문에 이후 움직임이 크게 나타나는 경우가 많다. 고점과 고점을 이은 '저항선'과 저점과 저점을 이은 '지지선'이 만나면서 하나의 삼각형을 만든다고 생각하면 쉽게 이해할 수 있다.

대칭·상승·하락 삼각형 패턴

대칭 삼각형은 두 개의 추세선을 갖는데, 위쪽 추세선은 하락하고 아래쪽 추세선은 상승한다. 매수세와 매도세가 균형을 이뤄나가는 모습이므로 처음의 고점보다는 다음의 고점이 낮고, 처음의 저점보다는 다음의 저점이 더 높다. 고점이 점점 내려오고 저점은 점점 상승하며 고점의 저항에 직면하게 되는데, 저점을 높이면서 매수세가 강해지는 패턴이다. 즉, 가격은 점점 하나의 가격에 수렴하게 된다.

일반적으로 상승 삼각형과 하락 삼각형은 대칭 삼각형 저점의 변형이라 볼 수 있다. 상승 삼각형은 매수세가 더 강한 흐름이다. 즉, 고점은 저항선으로 위치하지만 저점은 점점 상승하며 고점 돌파 상황에 직면하게 되는데, 저점을 높이기 때문에 매수세가 강해지는 패턴이다. 주가의 저점이 상승하는

[CJ CGV, 상승 삼각형 패턴 예시]

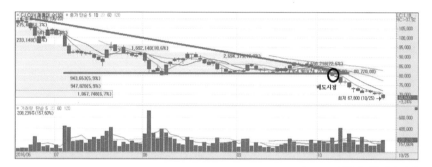

[CJ CGV, 하락 삼각형 패턴 예시]

과정이기 때문에 주가가 상승하는 도중에 자주 나타나고 저항선을 뚫고 상승하므로 향후 주가의 추가적인 상승이 발생한다는 신호로 인식한다. 일반적으로 수렴을 하기 위해서는 패턴이 점점 완성됨에 따라 거래량은 줄어든다. 이후 새로운 추세가 발생되며 거래량은 급격하게 증가하는 모습을 보인다. 일반적으로 상승 삼각형과 하락 삼각형의 경우 이전 상승·하락 폭만큼 추가적인 움직임이 나타날 것이라고 인식한다.

하락 삼각형은 저점이 지지선으로 수평인 추세선이지만 고점이 낮아지

3장_차트는 곧 회사의 실적! 쏙쏙 들어오는 기술적 분석

며 매도세가 강화된다. 지속형 패턴이므로 지속적인 하락이 예상되며 역시 패턴을 완성할 때 하나의 가격에 수렴하기 때문에 거래량은 줄어드나 이후 추세의 강화가 나타날 때 거래량이 상승한다.

깃발형 패턴

지속형 패턴 중 자주 나오는 패턴이다. 깃발형 패턴은 일반적으로 주가가 급등한 이후 잠시 조정을 받는 구간에 나타난다. 이 구간은 가격의 움직임이 매우 활발하고 주가는 수직에 가까운 급등을 수반하는 경우가 많다. 잠시 쉬어가는 과정 이후 다시 한번 급등이 나오는 경우가 대부분이고 급상승한 이후 조정 국면에 나오는 추세를 이은 모양이 깃발 혹은 깃대처럼 보인다고 하여 붙여진 이름이다.

상승형은 수직에 가까운 급등 이후 잠시 가격의 조정 국면을 통해 패턴을 완성하며 재차 상승할 것으로 예상한다. 일반적으로 조정 국면에 들어섰을 땐 거래량이 줄고 급등하는 수직 부분과 이후 추세가 다시 발생되는 부분에서 거

[스튜디오드래곤, 깃발형 패턴 예시]

래량이 급증하는 것이 주요 특징이다. 하락형은 상승형과 반대이며 급등 조정, 급등의 흐름으로 진행되기 때문에 단기적으로 발생하는 경우가 많다.

쐐기형 패턴

쐐기형 패턴은 두 가지 추세를 갖는데, 고점과 고점을 연결하는 저항선과 저점과 저점을 연결한 지지선이 점점 가까워져 지점으로 모이는 형태를 말한다. 삼각형 패턴과 혼동할 수 있으나 쐐기형 패턴과는 큰 차이가 있다. 대칭 삼각형부터 비교해보면 대칭 삼각형은 두 가지의 추세가 모이는 것은 같으나 추세선의 움직임이 다르다. 하나는 상승, 하나는 하락의 움직임을 갖는데 쐐기형 패턴은 모두 같은 방향으로 진행되며 추세선이 모인다. 또 상승 삼각형과 하락 삼각형의 경우 하나의 추세는 수평을 이루고 다른 하나의 추세만 움직이지만 쐐기형 패턴은 두 개의 추세가 모두 움직이며 움직이는 방향이 동일하다. 쐐기형 패턴은 상승 쐐기형과 하락 쐐기형으로 나뉜다.

다른 패턴들은 상승이나 하락이 앞에 붙으면 그대로 진행됐지만 쐐기형 패턴의 경우 반대로 형성되는 것처럼 보인다. 그것은 쐐기형의 특징 때문인데, 한 가격대로 추세가 모이고 보합이 된 상황이므로 이때 발생하는 일정한 움직임에 따라 얻을 수 있는 수익 혹은 손실을 해결하려는 성질이 있다. 예를 들어 하락 쐐기형은 단기간에 주가가 상승하다 조정 과정에서 쐐기형이 만들어지는 것이기 때문에 패턴이 완성된 이후는 상승하게 되는 상승 지속 패턴이다. 상승 쐐기형은 하락 추세 이후 반등하는 과정에서 쐐기형 패턴이 만들어지고 이후 재차 하락하는 하락 지속 패턴이다.

3장_차트는 곧 회사의 실적! 쏙쏙 들어오는 기술적 분석

[이건산업, 상승 쐐기형 패턴 예시]

[비아트론, 하락 쐐기형 패턴 예시]

직사각형 패턴

직사각형 패턴은 '박스권'이라는 표현으로 더 유명한 패턴이다. 직사각형 패턴은 저항선과 지지선이 수평인 상태로 두 추세선 사이에서 주가의 움직임이 지속하는 상황을 말한다. 이 패턴은 일반적으로 매수세와 매도세가 균형을 이루며, 거래가 활발하지 않은 경우에 발생한다. 박스권이 오래 지속될수록 이후 추세가 다시 나타날 때 강하게 움직인다. 일반적으로 패턴의 완성 이후 기존의 추세에 따라 가격이 움직인다는 점에서 지속형 패턴으로 인식한다.

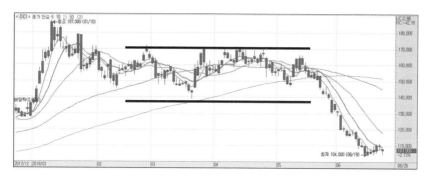

[OCI, 직사각형 패턴 예시]

3장_차트는 곧 회사의 실적! 쏙쏙 들어오는 기술적 분석

추세를 파악하여 성공 투자전략 세우기

투자자가 추세를 파악해야 하는 이유는 주가는 한번 흐름을 결정하면 일정 기간 움직이는 방향과 동일하게 유지되는 경우가 많기 때문이다. 주가는 종종 어떤 방향을 정하지 않고 일정한 박스권 흐름에서 움직인다. 박스권 흐름에서 벗어나면 급등 혹은 급락한다. 이후 주가가 조정 구간일 때 다시 박스권 흐름을 보인다. 이처럼 주가의 상승과 하락 사이에는 반드시 차트의 일정한 흐름이 발생한다. 따라서 추세를 통해 지지선과 저항선을 파악하고 중요한 포인트를 활용하여 투자전략을 세우면 성공적인 투자를 진행할 수 있다.

지지 및 저항

추세를 파악하기 위해 먼저 지지선과 저항선이 무엇인지 알아보자. 일반적으로 저점과 저점을 연결한 것을 지지선이라고 한다. 반면 고점과 고점을

이은 선을 저항선이라 한다. 다음 차트를 참고하여 저항선과 지지선을 파악
해보자.

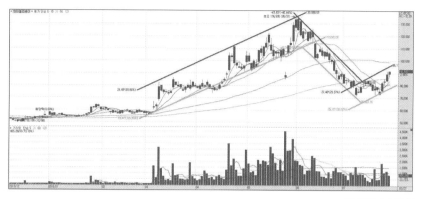

[현대엘리베이 일봉]

차트에서 초록색을 연결한 부분이 지지선이고, 빨간색을 연결한 부분이
저항선이다. 일반적으로 지지선과 저항선의 사이를 이탈하는 부분이 발생하
는 시점에서 추세의 전환이 나타난다. 추세의 전환이 나타나는 부분을 아래
차트에서 다시 한번 확인해보자.

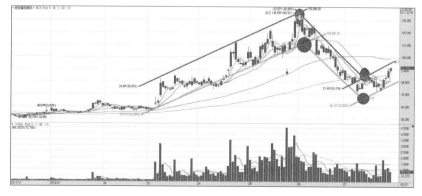

[현대엘리베이 일봉]

3장_차트는 곧 회사의 실적! 쏙쏙 들어오는 기술적 분석

차트를 살펴보면 파란색 동그라미로 표시한 곳에서 지지선과 저항선을 이탈하는 상황이 발생한다. 지지선과 저항선을 이탈한 이후 추세가 상승 추세에서 하락 추세로 바뀌는 것을 확인할 수 있다. 상승 추세에서 하락 추세로 바뀐 뒤 일정 기간 동안 흐름을 지속하는 것을 볼 수 있다. 이렇듯 주가는 한번 일정한 흐름을 갖기 시작하면 해당 흐름을 지속하는 경향이 있다. 따라서 투자자는 주식투자하기 전에 지지선과 저항선을 파악하여 추세를 파악해야 한다. 지지선과 저항선을 활용하면 목표가와 손절가를 선정할 수 있다.

앞의 현대엘리베이(017800) 차트를 통해 파악해보자. 처음 추세가 바뀌는 부분을 살펴보면, 주가는 고점에 위치하고 있다. 이때 지지선 하단을 손절라인으로 잡을 수 있다. 실제로 추세가 변화할 때 이전 지지선의 상단을 돌파한 이후 주가가 속절없이 하락하는 것을 파악할 수 있다. 그리고 주가의 반등은 지지선까지 1차적으로 바라볼 수 있다. 실제로 저항선 상단까지 주가가 반등하는 경우가 있지만 강하게 돌파하지 못하는 모습을 보였다. 이처럼 돌파하는 모습이 나오지 못했기 때문에 추세의 변화가 발생하지 않았고 주가는 점차 하락하는 모습을 보였다. 두 번째 추세의 변화가 발생할 때 저항선을 살짝 돌파하는 모습이 나왔고 살짝 주가가 밀린 이후 추세의 변화가 발생하는 모습을 볼 수 있다. 이처럼 지지선과 저항선을 활용하여 목표가와 손절가를 선정할 수 있고 투자에 활용하면 리스크 관리를 진행할 수 있다. 이처럼 지지선과 저항선만 잘 이해해도 다양한 투자전략을 세울 수 있다.

지지선과 저항선뿐만 아니라 신뢰도를 높이기 위해 [매물대 차트]를 활용하는 방법에 대해 알아보자. 매물대 차트는 HTS를 활용하여 설정할 수 있다.

키움증권 HTS를 활용하여 매물대 차트를 활성화하고 해석하는
방법을 알아보자.

알아보기

키움증권 영웅문을 처
음 실행해본다면 5-1장
의 키움증권 HTS 다운
로드 방법을 참고하면
된다.

키움증권 HTS를 활용한 매물대 차트 활성법

1. 키움증권 영웅문을 실행하여 로그인한다.

2. 다음 화면에서 [종합차트] 부분을 클릭한다.

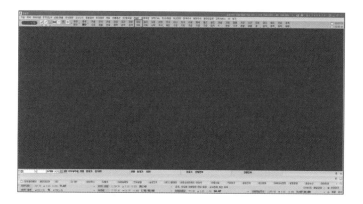

3. 종목을 입력하는 부분에 '현대엘리베이' 혹은 종목코드 '017800'을 입력한다.

차트의 왼쪽을 보면 빨간색 박스로 표시한 것과 같이 [차트형태], [기술적지표], [신호검색], [강세/약세], [시스템트레이딩], [나의관심지표] 탭이 있다. 기본적으로 종합차트를 활성화하면 [기술적지표] 값이 기본적으로 설정되어 있다. 해당 부분에서 [차트형태] – [매물대 차트]를 클릭하면 다음 그림과 같이 매물대 차트가 활성화된다.

매물대 차트는 각 가격대에 얼마나 많은 투자자가 있는지 확인할 수 있는 차트다. '매물대'를 확인하면 어떤 호가에 많은 투자자가 있는지 파악할 수 있다. 따라서 주가가 하락하면 해당 주가보다 아래 위치한 매물대까지 주가가 하락한다고 가정하고 대응하면 된다. 투자자 중 손실을 좋아하는 사람은 없

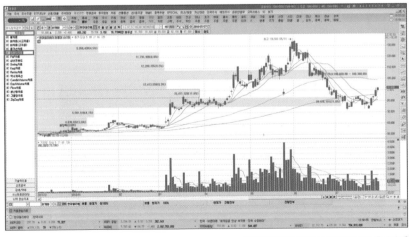

[현대엘리베이 매물대 차트 활성화 후 출력화면]

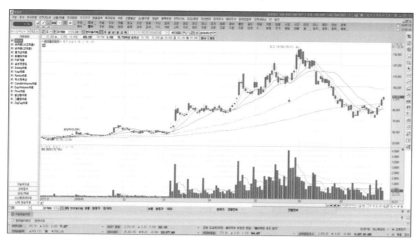

다. 따라서 매물대가 있는 부분에서 주가가 더는 하락하지 않게 기존의 투자자들이 주가를 지지하기 위해 많은 노력을 한다.

반대로 주가가 상승하고 있다고 가정해보자. 현재 주가보다 높은 위치에 있는 매물대를 만나게 되면 본전을 찾기 위해 매도하는 투자자가 나타난다. 그렇기 때문에 주가가 더욱 상승하기 위해서는 현재 상승하는 것보다 큰 모멘텀이 필요하다.

예를 한번 들어보자. 현재 주가가 3,300원이다. 만약 3,250원 부근에 전체 투자자 중 약 45%가 있는 상황이다. 만약 주가가 3,250원 부근까지 하락하면 기존 투자자들이 해당 주가보다 하락하지 않기 위해 많은 노력을 한다. 그럼에도 만약 슈퍼 매물대가 무너지고 주가가 하락하기 시작한다면 전체 투자자의 45%가 손절을 하거나 비중을 축소할 수 있다. 그렇다면 엄청나게 많은 매도 물량이 쏟아져 나올 것이고 이는 주가의 큰 하락을 야기할 수 있다. 이처럼 의미 있는 부분을 주가가 이탈하게 되면 반드시 빠르게 대응 전략을 세워야 한다.

추세선을 활용하여 투자하기 위해서는 추세선의 기울기, 기간, 길이를 체크해야 한다. 먼저 추세선의 기울기를 확인해야 하는 이유부터 확인해보자. 추세선의 각도는 해당 기간 동안 수요와 공급에 따라 달라질 수 있다. 만약 시장에서 A 종목을 매수하려는 사람이 단기간에 늘어나게 되면 A의 주가는 급등한다. 반대로 A의 종목을 매도하려는 사람이 많으면 A의 주가는 하락한다. 지지선과 저항선은 주가의 저점과 저점, 고점과 고점을 연결하여 만들기 때문에 주가 변동은 곧 추세선의 기울기 값이 변화하는 것을 의미한다.

추세선은 크게 세 가지로 나뉘는데 상승 추세와 하락 추세, 평행 추세가 있다. 상승 추세선은 저점이 지속적으로 높아지고 하락 추세선은 고점이 지속적으로 낮아지는 것을 말한다. 일정한 흐름을 반복적으로 보일 경우에는 횡보하는 평행 추세선을 그릴 수 있다. 평행 추세선은 보통 하단과 상단을 나눠 그리는데 이를 합하면 박스권을 그릴 수 있다. 일반적으로 상승 추세선은 저점이 상승하는 것을 의미하기 때문에 주가의 하락을 지지하는 지지선으로 인식한다. 하락 추세선은 주가의 상승을 막는 저항선으로 인식한다. 추세선은 단기간의 흐름만으로는 판단할 수 없으며, 일정한 시간이 필요하다는 것을 기억해야 한다.

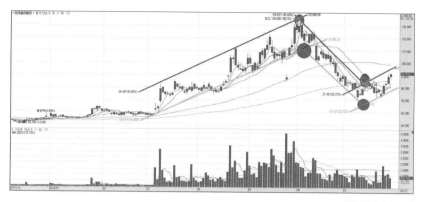

[현대엘리베이 일봉]

위 현대엘리베이의 예시를 보면 추세선과 저항선의 기울기가 모두 다른 것을 확인할 수 있다. 추세선의 기울기 각도에 따라 빠르게 주가가 하락할 수 있기 때문에 상승 추세일 때 적극적으로 매수하여 수익을 보고 하락 추세일 때는 빠르게 매도하여 손실의 폭을 줄이는 투자전략을 활용할 수 있다.

영웅문 HTS를 활용한 자동 추세 기능

차트 부분에서 마우스 오른쪽 클릭을 한 뒤 [자동추세선]을 클릭한다. 클릭하면 단기, 중기, 장기에 해당하는 내용으로 추세의 흐름을 파악할 수 있다. 만약 설정 값을 변경하고 싶으면 해당 수치를 변경하면 된다.

자동 추세선을 활성화하면 수많은 선이 화면에 출력된다. 하단에 있는 선은 지지선으로 인식하고 상단에 있는 선은 저항선으로 인식하면 된다. 수많은 선 중 본인이 가장 맞다고 생각하는 부분을 기준으로 접근하면 된다. 자동 추세선보다는 직접 지지선과 저항선을 그리는 것이 더 좋다. 그렇기 때문에 지

3장_차트는 곧 회사의 실적! 쏙쏙 들어오는 기술적 분석

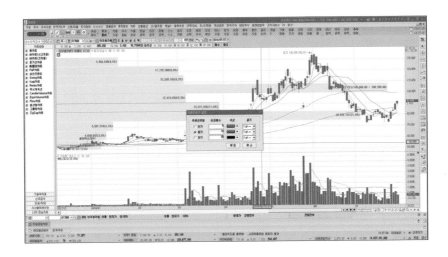

지선과 저항선을 자주 그려보는 것이 중요하다. 다음 사례를 한번 살펴보자.

네오위즈(095660) 차트를 보면 주가가 단기간에 급락한 이후 횡보하며 정

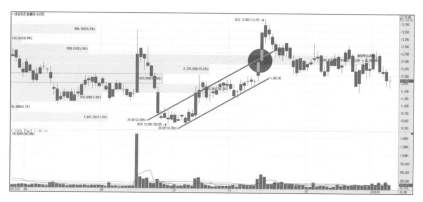

[네오위즈 일봉]

비하는 모습을 볼 수 있다. 주가는 횡보하며 조정 기간을 거쳤고 이후 다시 상
승하는 추세를 보이기 시작했다. 주가는 저항선을 돌파하는 시점을 기점으로
급등 흐름이 발생하는 것을 확인할 수 있다. 이처럼 상승 추세가 발생하는 시
점에서 저항선을 돌파하면 주가의 급상승이 나올 가능성이 크기 때문에 매수
포인트로 잡고 접근하면 좋다.

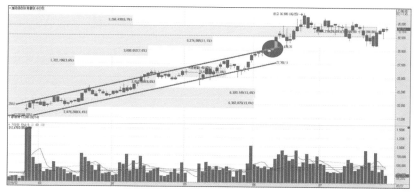

[휠라코리아 일봉]

3장_차트는 곧 회사의 실적! 쏙쏙 들어오는 기술적 분석

휠라코리아(081660) 역시 상승 추세를 유지하다 추세선 상단을 강하게 돌파했고 이후 주가는 큰 폭으로 상승하는 모습을 보였다. 이처럼 상승 추세에서 저항선을 돌파하는 시점을 파악하고 접근하면 고점 투자 매매도 수월하게 진행할 수 있다.

다음으로는 하락 추세에서 저항선을 상향 돌파하여 주가가 상승하는 경우를 살펴보자. 이는 저점 매수 혹은 낙폭과대 투자를 진행할 때 활용하면 좋다.

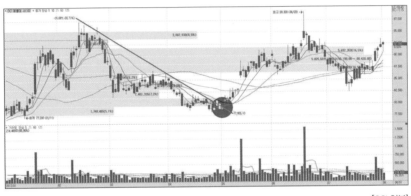

[OCI 일봉]

OCI(010060)는 큰 폭으로 주가가 하락하는 상황이었다. 하지만 다음 그림과 같이 고점과 고점을 이은 저항선을 상승 돌파한 이후 주가가 급등하는 모습을 볼 수 있다. 일반적으로 기업마다 차이가 있지만 하락 추세에서 상승 추세로 변경되는 구간에는 기술적인 반등이 나타난다. 투자자는 일반적으로 하락한 시점보다 2/3 정도의 위치로 회복한다고 가정하고 투자를 진행한다. 해당 기업의 경제, 산업 이슈에 따른 상승 폭에 대한 부분은 차이가 발생한다.

또 비슷한 예로는 삼성전기(009150)를 들 수 있다. 삼성전기의 경우에도 하락 추세에서 주가가 상승 저항선을 돌파했고 큰 매물대를 연달아 돌파하며 강한 상승 흐름을 나타내면서 급등하는 모습을 보였다.

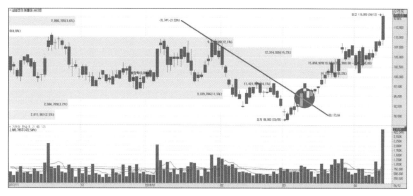

[삼성전기 일봉]

마지막으로 평행 추세선의 경우도 파악해보자. 평행 추세선은 일반적으로 박스권 움직임을 보이는 종목에서 활용하면 좋다. JYP Ent.(035900)의 경우 주가가 한동안 박스권 흐름을 유지했다. 박스권 상단을 돌파한 이후 주가는 단기적으로 급등하는 모습을 보였다. 매물대 차트로 살펴봐도 박스권 이후 다음 매물대 라인까지 주가가 빠르게 상승하는 모습을 확인할 수 있다. 1차적으로 매물대 라인이 있는 7천 원 라인까지 주가는 빠르게 상승했다. 이후 주가가 횡보하며 매물을 소화하는 모습을 보였고 이후 다시 다음 매물대까지 빠르게 상승하는 모습을 보였다. 특히 박스권 흐름을 돌파한 이후 추세선의 기울기가 가파르게 상승했기 때문에 단기적인 상승이 더 강하게 나왔다고 보면 된다.

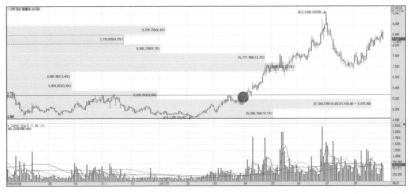

　　네이처셀(007390)의 경우도 마찬가지다. 평행 추세선을 상향 돌파한 이유 개별적인 모멘텀 등에 힘입어 주가가 큰 폭으로 상승한 모습이다. 일반적으로 평행 추세선에서 움직임을 보일 때는 평행 추세선을 유지한 기간이 길수록 강하게 상승하는 경우가 많다. 이미 시장에서 투자자들 사이에서 충분히 고민을 하고 흐름의 전환이 발생하는 경우이기 때문에 상승하기 시작하면 일반적으로 주가는 2~3배 이상까지도 가는 사례가 많다.

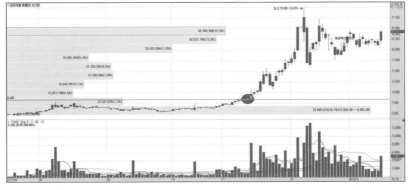

4장

투자에 도움이 되는 지표!
보조지표 파헤치기

주식투자를 하다 보면 의사 결정을 하기 어려울 때가 있다. 이때

투자 의사 결정에 도움이 되는 보조지표가 있다. 대표적으로 자주

활용하는 보조지표에는 MACD, 이격도, 스토캐스틱 등이 있다. 각

각의 보조지표 중 자신에게 잘 맞는 지표를 설정하여 투자 시 활용

하면 많은 도움이 된다. 이 장에서는 보조지표가 각각 어떤 의미를

갖고 이를 실제로 차트에 적용했을 때 어떻게 해석하는지 그 방법

을 알아보자.

추세지표
(MACD, CCI)

MACD

MACD(Moving Average Convergence Divergence)는 단기 이동평균선과 장기 이동평균선 사이의 관계를 보여주는 지표다. MACD의 원리는 장기 이동평균선과 단기 이동평균선이 멀어진(Divergence) 이후 다시 가까워지는 (Convergence) 특성을 통해 두 개의 이동평균선이 가장 멀어지는 시점을 찾는 것이다.

MACD 계산 방법

① MACD = 단기 이동평균선 – 장기 이동평균선

② 시그널 선 = n일간의 MACD 이동평균 값

③ MACD 오실레이터 = MACD – 시그널 선

MACD는 단기 이동평균선이 장기 이동평균선보다 높으면 (+)의 값을 갖는다. MACD가 (+)의 값을 가질 때 상승 추세로 인식하고 매수 시점으로 생각한다.

단기 이동평균선이 장기 이동평균선보다 낮으면 (-)의 값을 갖는다. 이때 하락 추세로 인식하고 매도 시점으로 생각한다.

MACD에 시그널 선을 활용하면 더 정확한 매매 시점을 파악할 수 있다. 일반적으로 시그널 선이 MACD를 상향 돌파할 때 매수 시점으로, 하향 돌파할 때 매도 시점으로 파악하면 된다. MACD 선과 시그널 선의 교차가 일어나는 시점은 단기 이동평균선과 장기 이동평균선의 차이가 최대가 되는 시점이기 때문이다. MACD가 (+)와 (-)의 값을 갖기 때문에 기준 점인 0의 의미를 파악할 필요가 있다. MACD 선이 0을 돌파하는 것은 단기 이동평균선과 장기 이동평균선의 교차가 일어나고 있다는 것을 의미한다. 이는 골든크로스와 데드크로스와 같다고 봐도 무방하다.

[한솔제지 일봉, MACD 시그널-MACD 차트]

디버전스(Divergence)는 주가와 보조지표가 서로 다르게 움직이는 것을 말한다. 상승 디버전스는 주가의 저점은 낮아지는데 MACD의 저점은 같거나 높아지는 현상이다. 상승 디버전스가 발생하면 하락하는 주가가 상승으로 전환될 가능성이 높기 때문에 매수 관점으로 접근한다.

하락 디버전스는 주가가 상승 추세를 보이며 고점을 높이지만 MACD의 고점은 같거나 낮아지는 현상이다. 하락 디버전스가 발생하면 신규 진입을 보류하고 보유자도 매도 관점으로 접근해야 한다.

[삼성전기 일봉, 상승 디버전스 차트]

[SK네트웍스 일봉, 하락 디버전스 차트]

4장_투자에 도움이 되는 지표! 보조지표 파헤치기

CCI

CCI(Commodity Channel Index)는 주가의 평균과 현재의 주가 사이의 편차를 측정하여 주가가 일정 기간의 평균값에서 얼마나 차이가 나는지 파악하는 지표다. 이를 통해 가격의 방향성과 탄력성을 동시에 측정할 수 있다. 이 값이 높게 나오면 현재의 주가 수준이 주가 평균과 비교하여 높다는 것을 의미하고, 값이 낮게 나오면 현재의 주가 수준이 주가 평균에 비해 낮다는 것을 의미한다. 즉, 현재 주가가 적정한지 아닌지를 판단하는 데 유용하다. CCI의 현재 값은 당일 평균주가와 이동 평균의 편차를 나타내기도 하므로 이격도와 유사한 개념으로 생각해도 된다.

일반적으로 CCI는 +100(과매수 구간)과 −100(과매도 구간) 사이에서 움직임을 보이는데 0을 기준으로 CCI가 상향 돌파하면 매수 신호로, 하향 돌파하면 매도 신호로 본다.

CCI 계산 방법

$$CCI = \frac{M - m}{D \times 0.015}$$

$$M = \frac{고가 + 저가 + 종가}{3}$$

$$m = M의\ n일\ 동안의\ 단순평균 = \frac{M}{n}$$

$$D = \frac{M - n}{n}$$

[CJ CGV일봉, CCI 차트]

앞의 0.015는 램버트(Donald R. Lambert)가 사용한 값인데 −100에서 +100의 사이를 크게 벗어나지 않기 위한 상수다. 실제로 CCI의 약 70~80%는 ±100 범위에서 움직인다. 따라서 CCI가 +100 이상인 경우 과매수 상태로 판단하고, −100인 경우를 과매도 상태로 본다. CCI가 '0'을 상향 돌파하면 매수 시점으로, 하향 돌파하면 매도 시점으로 본다.

4장_투자에 도움이 되는 지표! 보조지표 파헤치기

모멘텀지표
(이격도, RSI, 스토캐스틱)

4-2

이격도

이격도는 주가와 이동평균선이 얼마나 떨어져 있는지 확인하는 지표다. 이격도를 활용하는 이유는 주가가 이동평균선에서 떨어지면 회귀하려는 속성이 있기 때문이다. 아무래도 주가가 이동평균선보다 높은 곳에 위치하면 다시 이동평균선으로 하락할 확률이 높기 때문에 매도 시점으로 인식한다. 반대로 주가가 이동평균선보다 낮은 곳에 위치하면 다시 상승할 확률이 높기 때문에 매수 시점으로 인식한다.

일반적으로 이격도는 20일 이동평균선과 60일 이동평균선을 많이 활용한다. 이격도가 100 이상이면 주가가 이동평균선 위에 위치하는 것으로 인식하고, 100 미만이면 이동평균선 아래에 위치하는 것을 의미한다. 따라서 이격도가 100 이상이면 매도 시점으로, 100 이하면 매수 시점으로 접근하는 것이 좋다.

이격도 계산 방법

이격도 = (주가÷n일 이동평균 지수)×100

예) 60 이격도 = (주가÷60일 이동평균 지수)×100

이격도 활용 방법

20일 이동평균선

상승 추세

20일 이동평균선 이격도가 98% 이하면 매수

20일 이동평균선 이격도가 107% 이상이면 매도

하락 추세

20일 이동평균선 이격도가 92% 이하면 매수

20일 이동평균선 이격도가 103% 이상이면 매도

60일 이동평균선

상승 추세

60일 이동평균선 이격도가 95% 이하면 매수

60일 이동평균선 이격도가 114% 이상이면 매도

하락 추세

60일 이동평균선 이격도가 88% 이하면 매수

60일 이동평균선 이격도가 107% 이상이면 매도

[KCC건설 일봉, 20일 이동평균선 이격도 차트]

[KCC건설 일봉, 60일 이동평균선 이격도 차트]

상대강도지수(RSI)

RSI(Relative Strength Index)는 특정 기간 동안의 상승 폭과 하락 폭을 분석하여 시장 가격의 폭이 어느 정도인지 파악하는 지표다. RSI %를 통해 주가가 상승 추세라면 얼마나 강한 상승 흐름인지, 하락 추세라면 얼마나 강한 하락을 보여줄 것인지를 알 수 있다. 추세의 강도를 객관적 수치로 표현하기 때문에 투자 의사 결정을 하는 데 도움이 된다. 일반적으로 RSI는 14일을 기준으로 진행한다. RSI 개발자인 웰레스 윌더(Welles Wilder)가 14일을 기준으로 활용하면 좋다고 밝혔다. 14일뿐만 아니라 9일과 25일도 자주 사용하는 기준점이다. 기간을 나누는 이유는 기간이 짧을수록 민감하고 빠르게 움직이고, 기간이 길수록 천천히 움직이기 때문이다. 9일과 25일을 확인하는 것은 우리가 단기 이평선과 중장기 이평선을 동시에 살펴보는 것과 같다고 생각하면 된다.

RSI 계산 방법

$$RSI = \frac{14일간\ 상승\ 폭\ 합계}{14일간\ 상승\ 폭\ 합계 + 14일간\ 하락\ 폭\ 합계} \times 100$$

만약 14일간 매일 주가가 상승하면 RSI의 값은 100이 된다. 14일 내내 주가가 하락하면 RSI의 값은 0이 된다. 즉, RSI에서는 값이 0에서 100으로 구성되고 (-)의 값이 발생하지 않는다. RSI는 75% 이상에서는 과열로 판단하여 매도 시점으로, 25% 이하에서는 침체로 판단하여 매수 시점으로 인식한다.

RSI 보조지표를 활용할 땐 디버전스를 확인하는 것이 중요한데, 디버전스란 앞서 설명했듯이 주가의 가격과 보조지표의 움직임이 반대로 움직이는 것을 뜻한다. RSI에서는 디버전스가 발생했을 때 추세의 전환이 발생할 가능성이 높다고 인식한다. 즉, 주가는 고점을 돌파하여 상승하는데 RSI는 고점 돌파에 실패해서 하락할 경우 주가의 움직임도 전환될 가능성이 높다는 것을 의미한다.

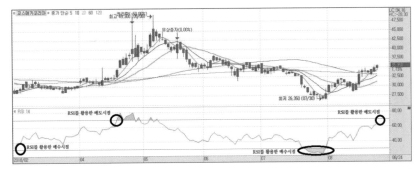

[코스메카코리아 일봉, RSI 차트]

스토캐스틱(Stochastics)

알아보기

스토캐스틱은 크게 Stochastic Fast와 Stochastic Slow로 구분 한다. Stochastic Fast는 주가에 너무 민감하게 반응하여 정확한 판단 을 하기 어렵다. 일반적 으로 Stochastic Slow를 더 자주 사용한다.

스토캐스틱은 일정 기간 동안 주가의 움직임 속에서 당일 종가 의 위치를 백분율로 표시하는 지표다. 즉, 최근 가격 변동 폭 사이 에서 현재 주가의 움직임을 파악할 수 있다. 스토캐스틱은 주가 가 상승 중일 때는 당일 종가가 주가 변동 폭의 최고점 부근에 위 치하고, 주가가 하락 중일 때에는 최저점 부근에 위치한다. 이 지 표는 특정한 추세가 없는 시장에서도 잘 활용된다. 스토캐스틱은

민감하게 움직이는 %K와 둔감하게 움직이는 %D 두 가지로 구성되며 Fast 와 Slow 지표의 관계를 수반하는데, 일반적으로 Fast와 Slow의 경우 3일과 5일을 기준으로 한다.

스토캐스틱 계산 방법

$$\text{Fast \%K} = \frac{\text{당일 종가 − 최근 n일 중 최저가}}{\text{최근 n일 중 최고가 − 최근 n일 중 최저가}} \times 100$$

%D = %K의 이동평균선

스토캐스틱에서 Fast %K는 당일 종가가 n일에서 최고가를 형성하면 분모와 분자가 같아져 100의 값을 갖는다. 역으로 최저가를 형성하면 0의 값을 갖는다. 따라서 스토캐스틱 Fast는 25%와 75%를 기준으로 매수 시점과 매도 시점을 생각하면 된다. 스토캐스틱 Slow는 20%와 80%가 매수와 매도 시점의 기준점이 된다. 스토캐스틱은 다른 지표와 마찬가지로 과열 구간엔 적색으로 침체 구간에서는 청색으로 나타난다.

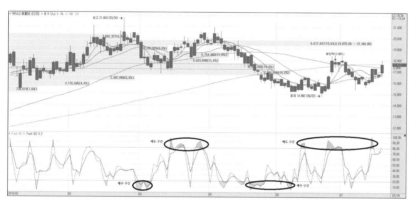

[위닉스 일봉, 스토캐스틱 Fast 차트]

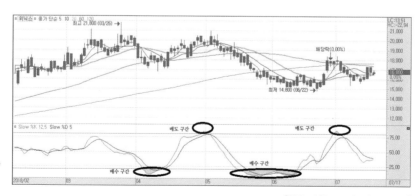

[위닉스 일봉, 스토캐스틱 Slow 차트]

4장_투자에 도움이 되는 지표! 보조지표 파헤치기

시장강도지표
(투자심리선, OBV)

투자심리선

투자심리선은 투자자의 심리도를 직접적으로 측정한 것으로 투자자의 심리도를 선으로 이은 것이다. 투자심리선은 일반적으로 10일의 주가 상승일을 기준으로 측정한다.

투자심리선 계산 방법

$$\text{투자심리도} = \frac{\text{최근 10일 중 주가 상승일 수}}{\text{10일}} \times 100$$

투자심리도에서 10일 동안 주가가 상승하면 투자심리도는 100%가 되고 만약 10일 동안 주가가 하루도 상승하지 않았다면 0이 된다. 일반적으로 투자심리도는 0에서 100%라는 범위 안에서 움직이기 때문에 다른 보조지표

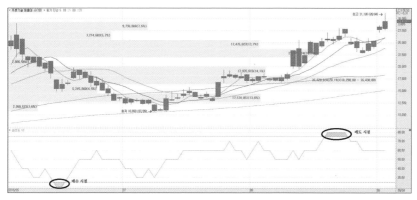

[푸른기술 일봉, 투자심리선 차트]

와 유사하게 70% 이상이면 과열 상태로 판단하여 매도 시점으로, 30% 이하면 침체 구간으로 판단하여 매수 시점으로 인식한다. 키움증권 영웅문 HTS로 투자심리도를 활성화하면 25%, 75%를 기준으로 기본값이 설정되어 있다. HTS에서 설정된 기준으로 보면 투자심리도의 값이 25% 미만에서 25%를 상승 돌파하면 매수 시점으로 본다. 반대로 75% 이하로 하향 돌파하면 매도 시점으로 본다. 다른 보조지표와 마찬가지로 과열 구간에서는 적색으로, 침체 구간에서는 청색으로 표시된다.

OBV

OBV(On Balance Volume)는 거래량이 주가에 선행한다는 가정하에 주가가 상승하면 그날의 상승 거래량은 더하고 주가가 하락하면 그날의 하락 거래량을 차감하여 그래프를 완성하는 지표다. OBV 선은 일반적으로 주가가

4장_투자에 도움이 되는 지표! 보조지표 파헤치기

횡보하는 구간에서 자주 활용된다. OBV는 거래량의 흐름을 파악하여 앞으로 주가가 상승할지 하락할지 판단하는 보조지표로 활용되기 때문이다.

OBV 계산 방법

① 주가가 전날에 비해 상승한 날의 거래량은 OBV에 가산한다.

② 주가가 전날에 비해 하락한 날의 거래량은 OBV에서 차감한다.

③ 주가의 변동이 없는 날은 무시한다.

일반적으로 OBV 선의 상승은 매수세의 강세를, OBV 선의 하락은 매도세의 강세를 의미한다. OBV 선을 다루다 보면 U 마크와 D 마크에 관한 이야기가 나온다. U 마크는 일반적으로 고점을 돌파하는 상황을 의미한다. U 마크가 발생하면 강한 거래량을 동반하며 주가가 상승하기 때문에 매수 시점으로 인식한다. D 마크는 전 저점을 하회하는 모습으로 거래량이 하락하며 약세장을 이루기 때문에 매도 시점으로 인식한다. 이 U 마크와 D 마크는 OBV 선을 활성화하면 시그널 선으로 OBV의 9일 이동평균선이 기본값으로 설정되어 있다. U 마크와 D 마크를 이용하여 골든크로스, 데드크로스로 활용하며 투자 시점을 파악할 수도 있다.

[푸른기술 일봉, OBV 선 차트]

4장_투자에 도움이 되는 지표! 보조지표 파헤치기

가격지표
(볼린저밴드, 엔벨로프)

볼린저밴드(Bollinger Band)

볼린저밴드는 주가의 변동에 따라 상하 밴드의 폭을 같이 움직이게 하여 주가의 움직임을 밴드 내에서 판단하는 지표다. 볼린저밴드의 경우 이동평균을 이용하는 분석과 유사하다고 생각할 수 있지만 볼린저밴드는 추세 분석까지 진행하기 때문에 이동평균선으로만 분석하는 것보다 의미가 있다. 볼린저밴드의 특수성은 가격의 변동성인 표준편차에 따라 값이 달라진다는 것이다.

볼린저밴드 계산 방법

BAND = 이동평균선의 평균 ± K × α

밴드의 상한선 = 중심선 + (승수 × 표준편차)

밴드의 하한선 = 중심선 − (승수 × 표준편차)

중심선 = 특정일의 이동평균선(HTS에서는 20일이 기본값으로 설정)

볼린저밴드는 가격의 변동성이 커지면 표준편차의 값이 커지기 때문에 밴드의 폭이 넓어진다. 가격의 변동성이 작아지면 표준편차가 작아져 밴드의 폭도 좁아진다. 일반적으로 가격이 일정한 추세를 형성하면 밴드의 폭이 넓어지면서 움직임을 보이고, 횡보 구간일 때는 가격의 변동성이 작아지기 때문에 밴드의 폭도 작다. 볼린저밴드는 밴드의 상한선에서 주식을 매도하고 하한선에서 주식을 적극적으로 매수하는 기법이다. 참고로 볼린저밴드를 고안한 볼린저(Jonh Bollinger)는 볼린저밴드를 참고의 기준으로 활용할 뿐 법칙으로서 활용하지는 말라는 뜻을 전하기도 했다. 볼린저밴드는 중심선과 상한선, 하한선이 있기 때문에 중심선과 상한선 사이에서 움직임을 보이면 상승 추세로 본다. 반대로 중심선과 하한선 사이에서 움직임을 보이면 하향 추세로 본다. 볼린저밴드의 중심선은 상승 추세에서는 지지선을 의미하고, 하향 추세에서는 저항선을 의미한다.

볼린저밴드는 횡보하는 구간에서 주가가 중심선을 상향 돌파하는 모습을 보이면 적극적인 매수 신호로 받아들이고, 반대로 폭이 넓다가 좁혀지며 중심선 상단에서 주가가 하단으로 하향 돌파하면 적극적인 매도 신호로 받아들인다. 만약 밴드의 상하선을 벗어났을 때는 상단에서 밴드로 재진입하는 경우 매도 시점으로, 하단에서 밴드로 재진입하는 경우에는 매수 시점으로 인식하면 된다. 볼린저밴드는 주식에서는 표준편차를 2배로 기본값으로 활용하지만 현물시장과 차이가 있는 선물시장에서는 표준편차를 1배로 활용하는 경우가 많다.

엔벨로프(Envelope)

엔벨로프는 가장 많이 사용하는 보조지표 중 하나로, 3개의 선으로 구성되어 있다. 하나는 중심선이고 나머지 두 선은 중심선에서 %만큼 떨어져 있는 선이다. 이때 %만큼 떨어진 어떤 특정 가격 이동평균선을 기준으로 위에 있는 선은 저항선, 아래에 있는 선은 지지선이다.

엔벨로프 계산 방법

Middle band = n일 이동평균선

Upper band = Middle band + (Middle band × a%)

Upper band = Middle band + (Middle band × b%)

엔벨로프는 가격이 band를 돌파하면 그 돌파한 방향대로 매매한다. 엔벨로프는 상위 밴드를 상향 돌파하면 매수, 하위 밴드를 하향 돌파하면 매도로 생각하면 된다. 볼린저밴드와 사용법이 비슷하긴 하나 볼린저밴드는 폭의

[경방 일봉, 엔벨로프 차트]

변동이 생기지만 엔벨로프는 일정 %가 유지된다는 차이점이 있다.

4장_투자에 도움이 되는 지표! 보조지표 파헤치기

3일차

☑ 주식투자를 하려면
뭐부터 시작해야 할까?

☑ 어디에 투자하지?
테마별로 찾아보는 유망 종목

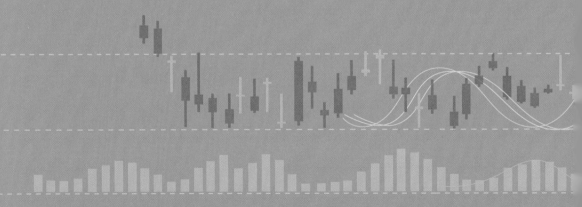

5장

주식투자를 하려면
뭐부터 시작해야 할까?

주식투자를 시작하려면 우선적으로 증권 계좌를 개설해야 한다. 계좌를 만드는 방법은 증권사에 직접 방문하여 계좌를 만드는 것과 은행에서 개설하는 것 두 가지가 있다. 증권 계좌를 만든 이후 본격적으로 투자에 활용할 HTS를 설치해야 한다. 이 장에서는 키움증권의 영웅문을 활용하여 어떻게 매수하고 매도하는지, 각각의 세부 사항은 어떤 방식으로 구성되어 있는지 알아보자.

증권 계좌를 개설하려면 증권사 영업점에 직접 방문하여 계좌를 만들거나 은행에 가서 증권 계좌를 만들면 된다. 은행에서 계좌를 만드는 경우 증권사 홈페이지에 접속한 후 이후 과정을 진행하면 된다. 일반적으로 은행에서 계좌를 개설하면 더 낮은 수수료를 적용받을 수 있기 때문에 개인적으로는 후자의 방법을 추천한다. 지금부터 키움증권에서 증권 계좌를 활용하여 등록하는 방법을 알아보자.

은행에서 증권 계좌를 만들 경우 필요한 서류

본인이 직접 은행을 방문할 경우 필요한 서류는 주민등록증 또는 운전면허증, 도장이다. 도장은 서명으로 대체가 가능하다. 대리인이 대신할 때는 가족일 경우와 가족이 아닐 경우로 나뉜다.

대리인이 가족인 경우	대리인이 가족이 아닌 경우
• 대리인의 실명을 확인할 수 있는 증표 • 가족 관계를 증명할 수 있는 서류 　(가족관계증명서, 주민등록등본 등)	• 본인 및 대리인의 실명 확인 증표 • 본인의 거래인감 및 위임장 거래인감

키움증권 영웅문 다운로드하는 방법

1. 네이버에서 키움증권을 검색한 후 HTS를 클릭한다. 키움증권 홈페이지 트레이딩 채널 중 [대한민국 대표 HTS 영웅문4]를 클릭한다.

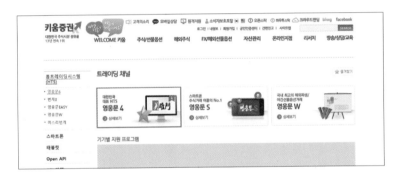

2. 설치 프로그램 다운로드 카테고리 중 [다운로드]를 클릭한다.

3. 하단에 팝업 창이 뜨면 [실행]을 클릭한다.

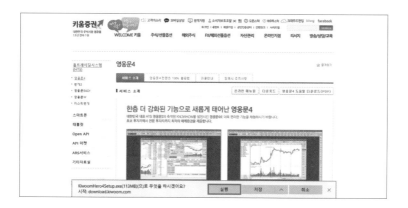

4. 키움증권 설치 프로그램이 생성되면 [다음]을 눌러 설치 과정으로 이동
하여 설치를 시작한다.

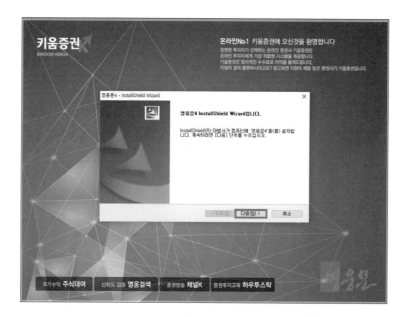

5. 설치가 완료되면 바탕화면에 생성된 영웅문을 더블클릭한 후 하단에 [회원가입]을 클릭한다.

6. [키움 시작하기 페이지]가 생성되면, 왼쪽 하단에 있는 [ID 등록]을 클릭한다.

7. [ID 등록 페이지]에서 은행에서 개설한 증권 계좌번호를 사용한다. 이름, 증권 계좌번호, 증권 비밀번호를 기입하고 오른쪽에 있는 [Go 다음 단계 진행하기]를 클릭한다. 이후 활성화된 페이지에서 필요한 내용을 기입하고 회원가입을 진행한다. 회원가입이 완료되면 다시 영웅문 아이콘을 더블클릭한 뒤 회원 로그인을 한다.

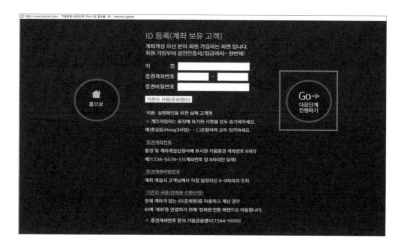

8. 키움증권 HTS에 성공적으로 로그인을 하면 다음과 같은 키움증권 HTS의 첫 화면이 나타난다.

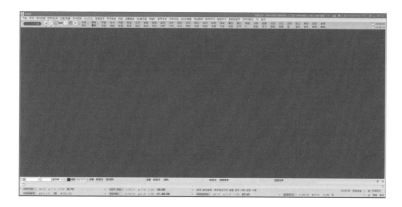

키움증권 영웅문, HTS 둘러보기

영웅문에 접속하여 화면을 살펴보면 그림과 같이 가장 윗부분에 내비게 이션 바가 있다. 많은 카테고리가 있지만 실제로 매매를 진행하며 크게 네 가지 카테고리를 사용하게 된다. 지금부터 내비게이션 바에서 자주 사용하는 네 가지 카테고리에 어떤 것이 있고, 어떤 내용을 알아야 하는지 파악해보자.

① **[주식]: 주식 카테고리에서는 현재가, 관심 종목, 업종 시세, 외국인 정보를 파악할 수 있다.**

❶ 종목명 입력

원하는 종목명이나 종목 코드를 입력하면 해당 종목의 정보를 확인할 수 있다. 해당 그림은 삼성전자(005930)를 검색한 화면이다. 만약 같은 화면을 확인하고 싶다면 ❶번에 삼성전자 혹은 005930을 입력하면 된다.

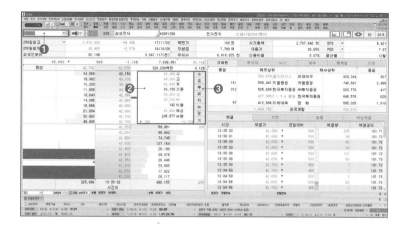

❷ 해당 종목의 값 파악

시초가, 장중 고가, 장중 저가를 파악할 수 있고 상한가, 하한가 등 동

시호가에 관한 부분을 확인할 수 있다.

❸ 수, 도, 투, 외, 차, 뉴, 권, 기로 구성

[수]: 미니 매수 차트

[도]: 미니 매도 차트

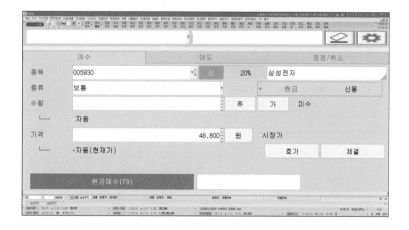

217

[투]: 투자자별 매매 종합 부분이다. 시간대별 개인, 외국인, 기관 투자자의 흐름뿐만 아니라 금융 투자, 사모펀드, 연기금 등 다양한 투자자들의 매매 흐름을 파악할 수 있다.

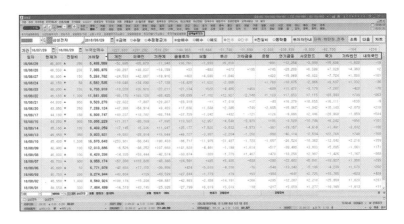

[차]: 종합 차트를 나타내는 부분이다. 주식투자를 하기 위해 반드시 봐야 하고 앞으로 가장 많이 보게 될 차트 화면이다.

[뉴]: 해당 종목의 최신 뉴스부터 과거 뉴스까지 파악할 수 있다. 아래 그림을 보면 [달력 표시]가 있는데 이 부분을 클릭하여 뉴스를 확인하고 싶은 기간을 조정할 수 있다. 기본값은 [전체 뉴스]로 되어 있기 때문에 다양한 언론사의 기사가 동시에 뜬다. 원하는 언론사가 있다면 좌측에 있는 부분을 클릭하여 해당 언론사의 기사만 확인할 수 있다. [검색]란 도 있기 때문에 투자자가 원하는 키워드가 있다면 [검색] 기능을 활용하여 투자에 필요한 뉴스를 빠르게 찾아볼 수 있다.

[기]: 기업 정보를 파악할 수 있는 부분이다. 투자하려는 기업의 전반적인 흐름, 기업개요, 재무제표 등을 파악할 수 있다. 간단하게 기업의 실적을 파악하기 위해서 참고하기에 좋다.

알아보기

기본적 분석을 하기 위해서는 반드시 dart.fss.or.kr에 들어가서 반기 혹은 분기 보고서를 참고하여야 한다.

② [주식주문]: 매수, 매도, 정정 주문을 넣는 곳으로, 총 세 가지 탭으로 나
뉘져 있다. 종목을 검색한 후 [주식주문]으로 넘어가면 매수하려는 종
목이 기본적으로 설정된다. 투자 종목을 확정한 후 [수량] 부분에 원하
는 수량을 기입하고 현금 매수를 선택하여 투자를 진행하면 된다.

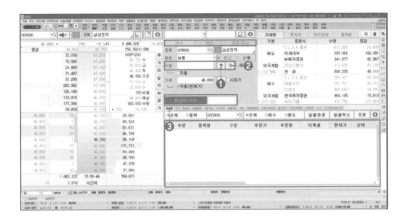

❶ 주 : 주문을 편하게 진행할 수 있다. [주]를 클릭하면 다음과 같은 창이
활성화된다. 이를 활용하면 주문 시 수량 부분에서 실수할 확률이 줄
어든다.

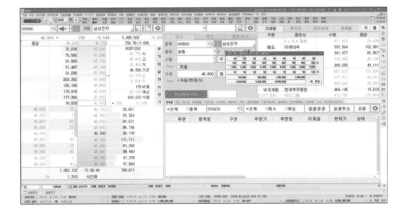

❷ 가 : 가능한 수량을 전부 선택하는 부분이다. 급등이나 급락할 때 많은 수량을 빠르게 처리하기 위해 활용하면 좋다. 주문의 종류는 기본적으로 [보통] 주문으로 설정되어 있다. [보통] 부분을 클릭하면 [시장가], [조건부 지정가] 등 다양한 주문 종류를 선택할 수 있다. 일반적으로 [시장가] 주문을 많이 사용하기 때문에 가격 설정 오른쪽 부분에 [시장가]를 체크할 수 있는 부분이 있다.

❸ 미체결 : 매수를 진행했을 때 체결되지 않은 주문을 확인할 수 있다. 이 외에 다른 탭도 투자할 때 필요한 정보, 혹은 투자한 종목을 관리하기 위해 확인해야 할 정보를 정리해놓았으므로 살펴보면 좋다.

③ [투자정보]: 뉴스와 투자자별 이슈를 파악할 수 있다.

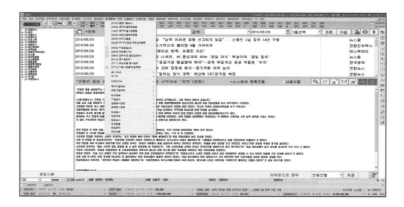

> **알아보기**
>
> [주식] – [키움 현재가] 탭에서도 [투자정보]를 확인할 수 있다.

④ [차트]: 종목 차트, 업종 차트 등 차트와 관련한 모든 부분을 확인할 수 있다.

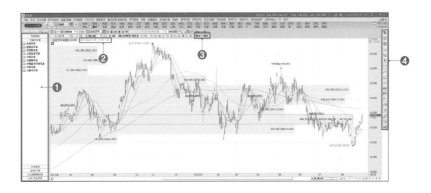

❶ [보조지표]를 설정할 수 있는 부분이다. [차트형태]에서는 봉 차트, 바 차트, 매물대 차트, 삼선전환도 등 차트의 모습을 변경할 수 있다. [기술적지표]에는 추세지표, 변동성지표 등 각종 보조지표가 있기 때문에 해당 탭을 눌러 원하는 보조지표를 설정하면 차트 화면에 적용되는 모습을 볼 수 있다.

예를 들어 [추세지표] – [MACD]를 선택하면 MACD 보조지표가 활성화된다. 차트의 모양은 다음과 같이 변경된다.

❷ 종가 단순 5, 10, 20, 60, 120 부분은 이평선을 나타내는 부분이다. 해당 부분을 더블클릭하면 이평선의 기간을 변경할 수 있다. 기본적으로 설정된 5, 10, 20, 60, 120 이평선을 가장 많이 활용하므로 변경하기 원한다면 따로 설정하면 된다. 잘 살펴보면 숫자에 색이 있는 것을 확인할 수 있다. 이는 차트에서 보이는 선이 해당 이동평균선의 흐름이라는 것을 의미한다. 즉, 보라색은 5일 이동평균선, 파란색은 10일 이동평균선, 주황색은 20일 이동평균선, 초록색은 60일 이동평균선, 회색은 120일 이동평균선을 의미한다. 이동평균선과 관련된 내용을 변경하려면 해당 이동평균선을 의미하는 숫자를 더블클릭하면 다음 화면과 같은 박스가 나타난다. 해당 박스에서 [기간] 부분의 숫자를 변경하면 이동평균선의 흐름이 달라진다. 만약 이동평균선을 굵게 설정하고 싶다면 [라인설정] 탭에서 색상과 선 스타일을 변경할 수 있다.

❸ [매수], [매도] 란을 클릭하면 매수 화면과 매도 화면이 나온다.

❹ 차트를 분석할 때 사용하는 여러 가지 툴이다. 일반적으로 전문가가 경제 TV에서 방송할 때 박스권을 그리거나 추세를 표현할 때 활용한다. 전문적으로 분석하기 원한다면 하나씩 클릭해서 사용하면 좋다. 가장 많이 쓰는 부분은 '수평선'이다. 해당 부분을 클릭하고 원하는 차트 부분에 클릭하면 선이 발생한다. 다음 그림과 같이 박스권 흐름에서 중요한 투자 포인트를 찾기 위해 활용하는 경우가 많다.

'로마에 가면 로마법을 따라라'라는 말처럼 주식 시장에서 주문을 체결하기 위한 일정한 룰이 있다. 주식 시장에서 HTS를 활용하여 투자하는 사람은 너무나도 많다. 기준을 설정하지 않으면 주문이 꼬일 수 있고 과연 누가 먼저 주문을 넣었는지, 어떤 사람의 주문을 먼저 체결해야 하는지에 관해 의문점이 생길 수밖에 없다. 거래소에서는 합리적으로 계약을 체결하기 위해 매매 체결 원칙을 둔다. 매매 체결 원칙에는 크게 네 가지가 있다. '가격 우선 원칙', '시간 우선 원칙', '수량 우선 원칙', '위탁매매 우선 원칙'이다. 주식 시장에서는 네 가지 원칙 중에서도 가격을 가장 우선하고, 그다음 시간, 수량 순으로 우선순위를 정한다.

매매 체결 원칙

1. 가격 우선 원칙

주식 매매 단계에서 가장 중요한 것은 '가격'이다. 따라서 주식 시장에서는 가격에 따라 주문을 우선적으로 체결한다. 매수 주문은 높은 가격일 때, 매도 주문은 낮은 가격일 때 우선하여 체결된다. 시장에서 빠르게 매수 혹은 매도를 하고 싶다면 매수 호가는 높게, 매도 호가는 낮게 선정하면 된다.

2. 시간 우선 원칙

주식 매매 단계에서 만약 같은 호가에 주문을 넣었다면 어떻게 될까? 누가 먼저 주문을 결정했는지 여부에 따라 주문 순서가 달라진다. 예를 들어 할인매장에서 판매하는 이벤트 상품은 물량이 한정되어 있다. 그렇기 때문에 이벤트 상품은 고객 중 먼저 구매를 결정하고 본인의 카트에 넣는 사람이 이벤트 제품을 살 수 있는 권리가 생긴다. 주식도 마찬가지다. 주식도 해당 호가에 나온 주식의 수가 한정되어 있다. 따라서 A 투자자가 B 투자자보다 단 1초라도 먼저 주문을 넣으면 A 투자자에게 우선권이 발생하고 거래가 성립된다. 특히 시간 우선 원칙은 호재나 악재가 발생하여 주가가 크게 변동할 때 수익이 크게 달라질 수 있는 요인으로 작용한다.

3. 수량 우선 원칙

동일한 가격에 동시에 주문을 넣었을 경우에는 많은 수량을 주문한 사람에게 우선한다. 그렇기 때문에 대량 주문이 소량 주문보다 우선하여 체결되고 유리한 시점을 차지할 수 있다.

4. 위탁매매 우선 원칙

위탁매매 우선 원칙은 동시호가 때에는 증권회사의 자기매매 주문보다는 고객의 주문이 우선하는 것을 말한다.

> **알아두기**
>
> **동시호가**
>
> 동시호가는 주문을 모두 모아 단일한 가격으로 체결하는 제도다. 동시호가에서는 주문이 같은 시간에 접수된 것으로 간주하여 시간 우선 원칙은 무시하고 가격 우선 원칙과 수량 우선 원칙으로 주문을 체결한다. 일반적으로 장 개시 전(08:00~09:00)과 장 종료 전(15:20~15:30)에 진행된다. 다만 장중에도 지수가 급락하여 서킷브레이커를 발동하거나, 개별 종목이 단시간에 10% 이상 급등락하는 경우에도 단일가를 적용한다.
>
> **서킷브레이커**
>
> 주식 시장에서 주가가 급등 또는 급락하는 경우 주식 매매를 일시 정지하는 제도.

매매 주문 종류

매매 주문 종류는 크게 다섯 가지로 구분된다. 유형별로 장단점이 있지만 일반적으로는 '지정가 주문'과 '시장가 주문'을 가장 많이 활용한다.

1. 지정가 주문

가장 많이 활용하는 주문 형태로, 투자자가 원하는 수량과 가격을 지정하는 주문이다. 지정가 주문을 낸 후 가격의 흐름이 예상과는 다르게 움직일 때 호가를 정정하여 주문을 다시 낸다.

2. 시장가 주문

투자자가 수량만 지정하고 가격은 직접 지정하지 않는 주문이다. 가격을 지정하지 않기 때문에 현재 시장에서 거래되는 호가로 주문을 낸다. 가장 빠른 시간 안에 체결되기 원한다면 시장가로 주문을 선택하면 된다. 보통 시장가 주문의 경우 급등 혹은 급락할 때 자주 활용한다. 호가에 따라 주문되기 때문에 공백이 크거나 호가에 물량이 많지 않을 땐 불리한 가격에 체결될 수 있다.

3. 조건부 지정가 주문

조건부 지정가 주문은 정규 시간 동안에는 지정가 주문과 같은 방식으로 주문이 체결되지만 만약 마감 시간까지 매매가 체결되지 않으면 시간 외 종가 주문으로 자동 전환되는 주문 제도다. 따라서 매매가 체결되지 않으면 종가로 매매된다.

4. 최유리 지정가 주문

최유리 지정가 주문은 매수, 매도 시 상대편이 내놓은 주문 가운데 가장 좋은 조건을 자동 선택해 그 가격으로 주문이 체결되도록 하는 것이다. 예를 들어 NAVER(035420)에 가장 낮은 호가로 76만 원에 100주의 매도 주문이 나왔다고 가정하자. 최유리 지정가로 200주 매수 주문을 넣으면 76만 원에 100주를 살 수 있고, 나머지 100주는 나중에 76만 원의 매도 주문이 나왔을 때 체결된다고 보면 된다.

5. 최우선 지정가 주문

최우선 지정가 주문은 투자자가 원하는 매매와 같은 매매 방향에 있는 다른 사람의 주문 가운데 가장 유리한 주문을 자동 선택하여 주문이 체결되도록 하는 것이다. 예를 들어 현대제철(004020)이 장중 고가 7만 원에 100주의 매도 주문이 나왔다고 가정하자. 최우선 지정가로 100주 매수 주문을 내면 기존 주문 바로 다음으로 장중 고가인 7만 원에 현대제철 주식을 매수할 수 있다.

알아보기

조건부 지정가, 최유리 지정가, 최우선 지정가 주문은 잘 활용하지 않기 때문에 해당 주문이 있다는 것 정도만 확인하면 된다. 다만 투자자가 자신에게 잘 맞는 주문이 있다고 판단하면 매수, 매도할 때 활용해도 좋다.

성공 투자를 위해 연습은 필수! 모의투자 진행하기

5-4

주식 시장은 치열한 전쟁터와 같다. 연습 없이 실전 투자로 접근하면 큰 손실을 입는다. 손실을 피하기 위해서는 주식 시장이 어떻게 움직이는지 사전에 파악할 필요가 있다. 초보자일수록 반드시 실전 투자를 진행하기 전에 모의투자를 통해 실전 경험을 쌓아야 한다. 모의투자는 금액이 가상이라는 것 외에는 실제로 투자하는 것과 같다. 모의투자에서 실패하는 투자자는 실전 투자에서 당연히 성공적인 투자를 진행하기 어렵다. 많은 연습을 통해 성공적인 투자의 발판을 마련해야 한다. 지금부터 '영웅문'을 실행하여 모의투자하는 법을 알아보자.

영웅문을 활용한 모의투자 방법

1. 영웅문을 실행하여 [모의투자] 탭을 클릭한 후 아이디와 비밀번호를 기입하고 로그인한다.

2. 사전에 모의투자 신청을 하지 않으면 아래와 같은 해당 박스가 생성된
다. 해당 박스에서 [모의투자 신청하기]를 클릭한다.

3. 해당 홈페이지에서 [모의투자 참가신청]을 클릭한다. [모의투자 참가신청]을 하기 위해서는 로그인 상태여야 한다.

4. [상시모의투자 참가신청] 화면이 나오면 [주식 참가] 부분에 체크를 한다. 그리고 투자 원금과 투자 기간은 각각 5억, 3개월로 선정한다. 필명과 경력 등 나머지 부분을 기입하고 참가신청을 누르면 모의투자 계좌가 활성화된다.

5. [주식주문] – [키움주문]란으로 가서 실제로 주문을 넣는다. 수량을 넣고 현금 매수를 누르면 이전과는 달리 비밀번호를 확인하는 박스가 형성된다. 계좌번호와 비밀번호를 넣으면 주문이 완료된다.

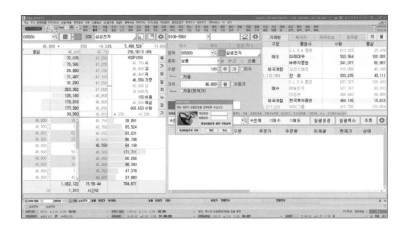

투자 금액을 5억으로 하는 이유?

주식투자를 해보지 않은 대부분의 초보 투자자는 주식투자가 원하는 방향으로 진행되지 않으면 투자 자금을 탓하는 경우가 많다. 투자자는 '나는 투자 자금이 부족해서 망한 거야. 돈이 조금만 더 있었으면 다른 사람처럼 수익을 거둘 수 있었을 텐데'라는 착각을 한다. 물론 투자의 특성상 많은 자금을 보유하면 유리한 부분이 있다. 하지만 자금이 많다고 해서 무조건 투자에 성공하는 것이 아니라는 사실을 모의투자에서 확실하게 인식해야 한다.

6장

어디에 투자하지?
테마로 찾아보는 유망 종목

주식투자를 진행하기 위해 종목을 선택하려고 하면 "도대체 어떤 종목에 투자해야 하지?" 하며 고민한다. 일정 시기에 움직이는 종목을 알아두면 효율적으로 자금을 활용하여 투자를 진행할 수 있다. 봄이 왔을 때 투자하기 좋은 종목, 환경오염과 같이 탄소배출권이 문제가 됐을 때 투자해야 하는 종목 등 테마에 따라 움직이는 종목을 분석하고 정리하면 해당 이슈가 발생했을 때 빠르게 대응할 수 있다. 이 장에서는 어떤 테마주가 있고 그 안에 구성된 종목은 무엇이 있는지를 알아보자.

봄 테마주, 따뜻한 봄에 움직이는 종목은?

6-1

봄 테마주를 알아야 하는 이유

개구리가 긴 겨울잠에서 깨어나듯 봄이 다가오면 움직이는 계절적 수혜주가 있다. 봄은 날씨가 따뜻해지고 야외 활동이 늘어나는 시기이므로 레저 업종, 여행 업종, 황사·미세먼지 업종, 이사 철과 관련한 건자재 업종 등이 대표적인 봄 수혜주다.

대표적인 레저 업종의 수혜주로는 자전거 업종을 꼽을 수 있다. 자전거는 업종 특성상 봄과 여름에 강한 흐름을 보여주는데 특히 봄이 가장 큰 수혜를 보는 기간이다. 자전거는 야외 활동이 가능한 3월부터 10월까지를 성수기로, 기온이 떨어져 활동에 제약을 주는 11월부터 2월까지는 비수기로 구분한다. 작년 성수기 때는 따뜻한 날씨에도 불구하고 미세먼지에 영향을 받아 야외 활동이 힘들기 때문에 부정적으로 작용하였다. 이에 따라 자전거 종목의 실적이 급격하게 약화되고 주가도 하락하였다.

LNG 관련 업종도 최근 봄 테마로 부각되어 성장세를 보이고 있다. 미세먼지 문제가 심화됨에 따라 석탄 발전을 LNG 발전으로 대체할 가능성이 커지고 있기 때문이다. LNG를 연료로 사용하는 열병합발전은 같은 양의 연료로 열과 전기를 동시에 생산한다. 게다가 종합 에너지 효율은 일반 전기에 비해 30%가량 높고, 이산화탄소와 미세먼지 배출량은 일반 발전보다 낮다. LNG 관련 사업은 이산화탄소에 따른 지구온난화와 엘니뇨 현상을 줄일 수 있어 기대되고 있다. 다만 LNG는 석탄과 원전, 신재생에너지에 비해 정책적 배려는 아직까지 받지 못하는 상황이다.

봄은 대표적인 이사 철이고 분양 시장이 성수기다. 따라서 이런 수요와 맞물려 건자재, 인테리어 업체도 일반적인 봄 수혜주로 인식된다. 봄철은 연간 인테리어 물량의 50~60%가 집중되는 최고의 성수기다. 건자재 업체도 이에 따라 2/4분기 실적이 다른 분기에 비해 양호하게 나타난다.

봄의 영향을 받는 주요 기업은?

자전거 관련 주로는 대표적으로 삼천리자전거(024950), 알톤스포츠(123750) 등이 있다. 삼천리 자전거는 봄 관련 수혜 종목이고, 자전거 업계 1위이지만 최근 주가 흐름이 좋지 않다. 삼천리자전거는 2018년 1분기에 이어 2분기까지 영업 적자를 기록했다. 매출도 지속적으로 감소하는 추세다. 미세먼지 여파로 성수기인 2분기에 자전거가 많이 팔리지 않았기 때문이다. 2

[삼천리자전거 일봉]

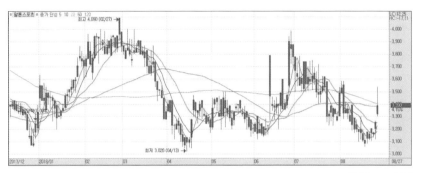

[알톤스포츠 일봉]

분기와 3분기는 날씨가 따뜻해지고 야외 활동을 시작하는 단계이기 때문에 일반적으로 자전거 구매가 늘어난다. 하지만 최근에는 봄 수혜보다는 미세먼지의 악영향에 더욱 큰 영향을 받고 있다. 참고로 1분기는 추운 날씨 때문에 활동하기가 쉽지 않아 자전거 업계는 비수기로 인식한다. 자전거 시장이 이미 포화 상태인 것과 경기 위축에 따른 소비심리 악화가 삼천리자전거에 부담으로 작용하고 있다.

6장_어디에 투자하지? 테마로 찾아보는 유망 종목

앞 차트를 보면 삼천리자전거와 알톤스포츠의 흐름이 차이가 나는 것을 알 수 있다. 알톤스포츠는 1분기 흑자전환에 성공했고 2분기에도 흑자를 이어나가고 있기 때문이다. 알톤스포츠는 2017년 하반기 재고 물량을 빠르게 소화했다. 게다가 전기자전거 브랜드 'E-알톤'이 처음으로 선보인 접이식 전기자전거 '니모 FD'가 인기를 얻으며 고공행진을 이어가고 있다. 니모 FD는 출시 3주 만에 전국 대리점에 모두 완판되는 기염을 토했다. 자전거는 크기가 커서 보관하기가 부담스러운데 니모 FD는 작고 가볍기 때문에 활용도가 높다. 게다가 가격까지 합리적이라 전기자전거를 찾는 고객들 사이에서 인기를 유지하고 있다. 수요에 힘입어 생산량을 늘릴 예정이기 때문에 삼천리자전거와는 차별화된 움직임을 보이고 있다.

LNG 관련 주로는 대표적으로 한국가스공사(036460)가 있다. 미세먼지를 줄이기 위해 LNG 화물차, LNG 선박에 대한 수요가 늘어날 것으로 전망된다. 이런 시대적인 트렌드에 발맞춰 한국가스공사는 2025년까지 약 6조 원을 투입해 LNG 인프라 구축에 힘쓴다고 밝혔다. 국내 사업 6조 원, 해외 사업 3조 원, 혁신 분야 1조 원 등 총 10조 원 규모의 투자에 나설 계획이다. 이런 투자 계획뿐만 아니라 실제로 친환경 LNG 화물차의 시범 운행이 곧 시작될 예정이다. 2018년 9월 환경부, 산업부, 한국가스공사 등이 대전 낭월 LCNG 충전소에서 '친환경 LNG 화물차 출고 기념식'을 개최하였다. 만약 LNG 화물차가 50% 이상 단계적으로 보급되면 대기 환경 개선 효과는 물론이고 약 120만 톤의 신규 천연가스 수요가 창출될 전망이다.

[한국가스공사 일봉]

건자재 관련 주로는 대표적으로 LG하우시스(108670), 한샘(009240) 등이 있다. 대표적인 건자재 종목들은 최근 어려운 상황에 처해 주가의 흐름이 좋지 못하다. 원자재 가격이 급등하여 재료값이 인상됐기 때문이다. 대표적으로는 메틸메타아크릴(MMA)과 폴리염화비닐(PVC), 가소제 등의 값이 크게 상승했다. 특히 MMA의 경우 1kg당 2,300원대에서 2,800원대까지 20~30%가량 가격이 인상됐다. 게다가 주택 거래량이 급감했기 때문에 신규 인테리어나 가구를 구입하는 수요도 감소했다. 이러한 부정적인 요인을 해소하기 위해 제품 가격을 올려 소비자에게 전가하는 것도 어려운 상황이다. 특히 LG하우시스의 경우 신성장동력으로 키워온 소재 부문도 미국, 인도 등의 보호무역주의 강화로 수출량이 크게 줄어들어 부진한 성장을 기록했다. 다만 건축자재 부분에서 외형 성장을 기록했다. 건축물 에너지 절약 기준이 강화되며 고성능 PF(페놀폼) 단열재 등 고부가 제품이 인기를 얻었기 때문이다.

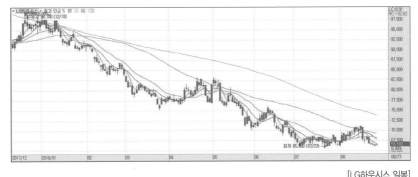

[LG하우시스 일봉]

[한샘 일봉]

여행 업종 관련 주로는 인터파크(108790), 모두투어(080160), 하나투어 (039130) 등이 있다. 국내 여행사의 대표 주자인 하나투어와 모두투어 역시 실적이 악화되어 주가가 부진한 상황이다. 그 이유를 꼽자면 먼저, 자연재해로 두 업체의 주요 여행지인 일본 여행 수요가 급감했기 때문이다. 지난해 6월 중순 오사카 지진이 발생했고 6월 말 태풍 쁘라삐룬이 일본 오키나와를 덮쳤다. 자연재해는 여행에 대한 수요를 크게 위축시켰다. 지난해 5월 하와이 킬라우에아 화산이 폭발해 3개월간 용암이 분출하는 사태도 발생했다. 6월에는

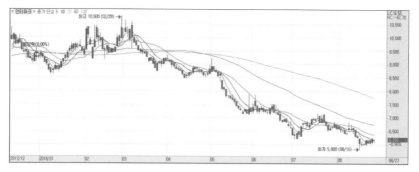

[인터파크 일봉]

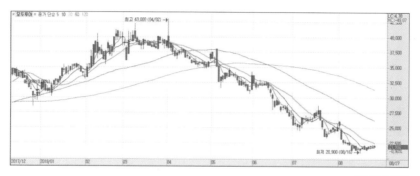

[모두투어 일봉]

[하나투어 일봉]

6장_어디에 투자하지? 테마로 찾아보는 유망 종목

인도네시아 발리섬의 아궁 화산이 분화했고 발리 국제공항이 일시 폐쇄되는 일도 발생했다. 해당 기간에 동남아 일부 지역에서는 돼지 독감까지 유행해 미국, 동남아 여행 수요가 급감했고 이는 여행 업종 실적에 큰 부정적인 영향을 끼쳤다. 6·13 지방선거 역시 부정적으로 작용했다. 선거 결과와 맞물려 공무원과 지방자치단체 관련 사업주들의 단체 해외여행 움직임이 둔해졌기 때문이다. 국제 유가 상승에 따른 유류할증료 및 항공료 인상, 해외 체류비용 증가 등도 해외여행 수요에 부정적인 영향으로 작용했다.

봄 테마주의 향후 전망은?

봄 테마주가 성수기임에도 불구하고 좋은 흐름을 보여주지 못했다. 자전거 주는 '활동' 부분보다 '미세먼지'에 관한 이슈가 더 커지고 있기 때문에 봄 수혜주 중에서 미세먼지에 악영향을 받는 종목은 오히려 투자할 때 조심하는 편이 좋다.

LNG 관련 주는 미세먼지가 심화될수록 수혜를 입는 종목이라고 볼 수 있다. 다만 정부의 정책에 영향을 많이 받는 종목군이기 때문에 정부의 정책이 신재생에너지뿐만 아니라 LNG 부분에도 얼마나 큰 수혜를 주는지 체크해야 한다.

건자재 관련 주는 봄이 이사와 인테리어 철이긴 하지만 원재료의 가격 여부가 업계에 큰 부담을 주는 것을 확인하였다. 따라서 메틸메타아크릴(MMA)과 폴리염화비닐(PVC), 가소제 등 주요 원자재의 가격 흐름을 파악해야 한다.

여행 업종의 경우 휴일의 여부가 중요하지만 주요 여행지의 자연재해가 큰 영향을 줄 수 있다는 것을 확인했다. 이와 더불어 유가 상승에 따른 유류할 증료를 파악하는 것이 필요하다.

탄소배출권 테마주를 알아야 하는 이유

2015년 파리기후협약 이후 우리나라도 탄소배출권 거래 제도를 도입했다. 탄소배출권 거래 제도는 온실가스 다량 배출 업체의 배출 허용량을 설정해 배출권을 할당하고, 잉여 업체나 부족 업체 사이에 거래를 허용하는 것을 말한다. 기업은 할당된 감축 목표를 달성하기 위해 감축설비를 도입하거나 탄소배출권을 구입하거나 모아야 한다. 일반적으로 석유화학 부분이 배출권 할당 대상이 가장 많이 포함된 업종이다. 또한 기업은 해외 상쇄배출권을 획득하기 위해 CDM 사업(지구온난화 완화를 위해 선진국과 개도국이 공동으로 추진하는 온실가스 감축 사업)을 하는 등 다양한 노력을 진행해야 한다. 2018년 정부는 2020년까지 '제2차 계획기간'으로 정해 배출권 사전 할당량을 17억 7,713만 톤으로 책정한다고 밝혔다. 전 세계적으로 지구온난화에 대한 우려가 커지고 있는 상황이고 앞으로도 탄소 저감 목표와 이행 방안에 관한 규제는 강화될 것이다. 해당 부분을 지키지 못한 기업은 탄소배출권을 구입해야 하고 환경과 관련한 이슈는 지속적으로 부각될 수밖에 없다. 따라서 친환경 관련 산업은 앞으로 지속적으로 성장할 것이고, 투자자는 관련 섹터에 관한 이슈를 지속적으로 점검해야 한다. 2018년 6월 28일 정부는 '2030국가 온실가스 감축 기본 로드맵 수정안'을 발표했다. 수정안에 따르면 2030년 온실가스 총 감축량 목표는 3억 1,480만 톤으로 유지하나, 국외 감축분을 줄이는 대신 국내는 늘릴 예정이다. 특히 산업 부분의 감축량 목표가 기존 5,640만 톤에서 9,860만 톤으로 75% 급증해 기업의 부담이 커지고 있는 상황이다.

탄소배출권의 영향을 받는 주요 기업은?

대표적으로 정밀화학 핵심소재 전문 기업인 휴켐스(069260)가 있다. 휴켐스는 2018년 2분기 사상 최대 영업이익을 기록했다. 2분기 실적의 경우 매출액이 약 2,008억 원으로 전년 동기 대비 8.5% 증가했고, 영업이익은 476억 원으로 전년 대비 약 16.8% 상승했다. 당기순이익은 362억 원으로 전년 동기 대비 3.8% 줄었다.

우선 휴켐스가 호실적을 기록한 이유는 DNT(TDI 원료) 수요 호조와 성공적인 탄소배출권 판매 덕분인 것으로 보인다. DNT 생산량은 전 분기와 동일하고, TDI(연성 폴리우레탄) 가격이 견조세를 지속한 점, 탄소배출권 판매가 전분기 대비 233% 증가한 50만 톤을 기록한 점 등이 실적을 견인했다. 이와 더불어 MNB(모노니트로벤젠은 MDI, 폴리우레탄 등의 제조에 쓰이며 건축자재 및 가전제품의 단열재 등에 활용)가 2017년 말 증설된 설비의 정상 가동으로 생산량이 증가

[휴켐스 일봉]

한 점도 실적 상승에 영향을 주었다. 휴켐스의 MNB 주요 고객사는 '금호미 쓰이화학'이다. 작년 초 MDI(메틸렌 디페닐 디이소시아네이트, 방향족 디이소시아네이트류 화학 물질) 10만 톤을 증설했고 이에 따라 휴켐스의 MNB도 판매 물량이 증가 했다. 올해 하반기까지 MDI 6만 톤을 추가 증설할 계획으로 휴켐스의 MNB 생산량도 동시에 증가할 것으로 전망된다. 하지만 차트에서 보듯이 8월 이후 DNT 국제가격 하락(매출액 감소)과 스프레드(영업이익률) 하락이 동시에 진행되 는 시기로 판단하여 2016년 수준으로 다운될 것으로 예상하고 이에 따라 단 기적으로 큰 낙폭을 보였다.

후성(093370)은 온실가스 저감 시설을 설치하여 탄소배출권 테마에 속하 는 종목이다. 최근 주가가 많이 상승하였는데 이는 2019년 전방 산업의 성 장과 함께 증설 효과가 기대되기 때문이다. 우선 후성의 2018년 2분기 실적 은 매출액 707억 원, 영업이익 157억 원, 영업이익률 22.2%로 시장 컨센서

[후성 일봉]

스를 상회했다. 영업이익률 개선의 주요 요인은 온실가스 배출권이다. 정부가 지정한 온실가스 배출권 거래제 1차 계획기간(2015~2017)이 만료됨에 따라 2분기에 수익으로 반영됐다. 하반기로 갈수록 2차 전지와 반도체 사업의 생산량 증대로 안정적인 성장이 가능한 상황이다. 후성은 2차 전지 전해질 및 반도체 특수가스 증설을 진행하고 있는데 2차 전지 전해질은 현재 국내 1,800톤/년, 중국 법인 400톤/년을 보유하고 있다. 증설이 성공적으로 진행된다면 중국 법인의 생산 능력이 3,800톤/년으로 증가할 예정이다. 2019년 1월부터 가동을 시작할 것이고 중국 법인 합작사인 중국 로컬 2차 전지 관련 업체를 통해 공급할 가능성이 높은 상황이다. 사실 후성의 경우 생산 능력의 부족으로 성장률이 둔화될 것이라는 우려가 있었지만 이번 증설 효과로 우려를 해소하고 성장성이 기대되어 긍정적인 흐름을 보이고 있다.

[에코프로 일봉]

에코프로(086520)는 1998년 설립된 2차 전지 소재, 연료전지 소재, 환경 오염 방지 소재 설비 산업회사로 탄소배출권 테마에 속하는 종목이다. 전기 자동차와 정보통신기기의 성장성이 부각됨에 따라 관련한 종목의 경쟁이 치열해지고 있다. 충전해서 반영구적으로 사용하는 2차 전지 분야가 관련 분야에 수혜를 입어 큰 성장을 이루고 있다. 대표적인 2차 전지는 리튬전지와 마이크로 연료전지로 나뉜다. 현재 기술은 리튬전지가 우세하기 때문에 세계 각국이 경쟁적으로 개발에 나서고 있다. 최근 카메라 모듈 탑재 등 고성능 휴대폰이나 노트북 전력 소모량이 급격하게 증가하는 상황이다. 리튬전지가 없는 IT 제품은 점점 상상하기 힘들다.

에코프로는 지난 2018년 4월 경상북도, 포항시와 함께 리튬 2차 전지 양극재 생산공장 신설을 위한 1조 원대의 대규모 투자유치 양해각서(MOU)를 체결한 바 있다. 지역 경제 활성화에 속도를 내는 에코프로가 중국 자원 재활

[이건산업 일봉]

용 분야 선두 기업인 GEM 주식유한회사와 합자해 중국 후베이성 징먼시에 GEM 에코프로를, 포항부품 소재전용공단에 에코프로 GEM을 각각 설립해 가동 중이다. 2018년 8월 말 중국 후베이성 시장이 포항을 방문해 중국 대륙을 넘보는 것이 아니냐는 이야기가 나오며 최근 주가 흐름이 상승하는 모습을 보이고 있다.

이건산업(008250)은 합판 및 마루 사업에 주력하는 사업 구조를 갖고 있다. 최근에는 '자연주의'를 적용한 강마루 '세라' 제품을 추가하며 탄소배출권 테마주로 이슈가 되고 있다. 재작년 12월 출시한 원목마루 바닥재 '카라'는 포름알데히드 방출량이 기준치 0.3ml/L 이하인 최우수 등급 제품이다. 이건산업의 경우 탄소배출권 테마에 속하기도 하지만 남북경협 수혜주로도 꼽힌다. 최근에는 남북경협에 대한 이슈로 강한 흐름을 보였다. 판문점 선언 이후 회담 후속 사업으로 남북 간 산림협력을 우선적으로 검토하는 내용이 나오면

[한솔홈데코 일봉]

서 대폭 상승하는 모습을 나타냈다. 실질적으로 남북 관계가 개선되면 인프라, 도로, 철도주와 더불어 조림 부분이 가장 신속하게 수혜를 입을 전망이기 때문이다.

한솔홈데코(025750)는 친환경 인테리어 제품군을 늘리며 중금속과 유해물질 등에 안전한 건축자재를 찾는 사람들에게 큰 인기를 얻고 있다. 특히 포름알데히드(새집증후군과 아토피 등의 주요 원인으로 꼽힘)가 들어가지 않는 친환경 마루와 중문 등 신제품을 지속적으로 출시하고 있다. 한솔홈데코는 마루 부분에서 국내 최고 수준의 친환경 등급(Super-E0)을 받는 등 친환경 기술을 확보하였으며, 최근 기존 강마루나 강화마루보다 열전도율(열전도율은 난방비와 직결됨)이 높은 'SB 마루' 제품 종류를 늘리고 있다. 또한 B2B뿐만 아니라 B2C를 확장하고 있어 변화하는 인테리어 시장의 흐름을 잘 반영하고 있는 상황이다.

[유니슨 일봉]

　유니슨(018000)은 풍력 관련 기업으로 대표적인 신재생에너지 종목에 속해 탄소배출권 테마주로 손꼽힌다. 유니슨은 국내 풍력발전 시장의 약 20%를 차지한다. 또한 사업의 수익성이 80% 이상 국내 사업에서 발생한다. 2017년도 말에 유니슨의 주가가 크게 상승했던 이유는 2017년 7%에 해당하는 재생에너지 발전량 비중을 2030년까지 20%로 확대하는 내용의 '탈원전 에너지전환 정책' 로드맵을 공식 발표한 이후 신재생에너지의 비중이 높아질 것이라는 전망 때문이다. 국내에서는 태양광과 풍력이 신재생에너지의 60% 이상을 차지할 것으로 기대하고 있다. 이런 상황에도 불구하고 최근 유니슨의 주가는 지지부진한데, 이는 매출액은 전년 반기 대비 2배 정도 성장했지만 당기순이익은 적자 지속에 적자 폭이 커지고 있기 때문이다. 다만 정부에서 미세먼지 감소를 위한 탈원전 움직임이 보일 때마다 주가가 급등하는 모습을 보였다. 유니슨의 경우 풍력 단지 건설을 위해 특수 목적법인을 설립해 납품하고 풍력 단지가 완공되면 지분을 발전 자회사 등에 매각해 차익을

　　　　　　　　　　　6장_어디에 투자하지? 테마로 찾아보는 유망 종목

실현하는 구조를 갖고 있다. 풍력 단지 건설 업황에 따라 실적이 크게 변화할 수 있기 때문에 풍력 단지 건설 현황과 신재생에너지에 관한 정책, 글로벌 정책 변화를 주시해야 한다.

탄소배출권 테마주의 향후 전망은?

탄소배출권 테마주는 신재생에너지 정책이 어떻게 변화하는지, 세계적으로 신재생에너지에 관한 수요가 어떻게 진행되는지가 가장 중요하다고 볼 수 있다. 다만 최근에 자동차의 경우도 전기차로 변화하고 있는 흐름으로 봤을 때 탄소배출권에 대한 압력은 점점 커질 것이고 관련된 이슈를 갖고 있는 기업의 주가는 탄소배출권 판매 등 다양한 요소로 상승할 수밖에 없다. 문제는 모든 섹터의 종목이 동시에 움직이지 않는다는 것이다. 물론 정책의 흐름이 나타난 직후에는 같은 테마에 속하기 때문에 움직일 수 있다. 다만 앞의 차트 흐름을 봤을 때 결국 개별적으로 진행하는 사업 섹터에 따라 주가의 움직임은 달라진다는 것을 알 수 있다. 탄소배출권에서도 어떤 종목이 가장 먼저 수혜를 입을지 옥석 가리기를 해야 한다.

여름 테마주, 무더위 기승만큼 상승하는 종목은?

6-3

여름 테마주를 알아야 하는 이유

국내 증시에서는 여름에 특히 수혜를 입는 종목이 있다. 대표적인 여름 수혜주로는 여행 업종, 아이스크림 등 빙과류를 만드는 제과 업종, 실내 피서지로 꼽히는 영화관 업종 등이다. 해당 기업은 여름 성수기로 한 해 매출액의 50% 이상을 끌어낸다. 그렇기 때문에 해당 기간에 옥석 가리기를 통해 적절한 투자를 하면 단기간에 많은 수익을 얻을 수 있다. 계절적인 요인을 반영하기 때문에 주가가 상승할 확률이 타 기간에 비해 상당히 높기 때문에 해당 종목을 파악해두면 투자에 용이하다.

2018년에는 여름 수혜주들이 생각보다 지지부진한 움직임을 보였다. 이에 따라 처음으로 여름 수혜주가 사라지는 것이 아니냐는 우려가 발생하기도 했다. 하지만 계절적인 이슈는 반드시 발생하기 때문에 늦더라도 긍정적인 반응이 반복적으로 나타날 수밖에 없다. 우선 2018년 기준으로 각각의 수혜주가 어떤 흐름을 보였는지 살펴보자.

여행 업종을 먼저 살펴보면 주요 여행지에서 자연재해가 일어났고 이에 따라 여행에 대한 수요가 감소할 수밖에 없었다. 미국 하와이와 인도네시아 발리의 화산 분화, 동남아시아 돼지 독감, 일본 오사카 지진 등 여행에 영향을 미치는 재해가 잇달아 발생했다. 특히 6월 지방선거와 월드컵 등 특이사항도 발생해 여행의 수요에 많은 영향을 미쳤다.

편안한 실내 피서지로 인기를 얻는 영화주의 경우도 2분기 흥행작이 나오지 않아 부진했다. 하지만 생각보다 부진한 여름주가 있는 반면 더위를 식혀줄 가전주는 선방하였다.

과거처럼 여름 수혜주도 모든 부분에서 상승하는 것이 아니라 발생하는 이슈에 따라 상승 여부가 달라질 수 있다는 점을 참고하여 투자해야 한다.

여름의 영향을 받는 주요 기업은?

냉방가전 업체 부분에서는 대유위니아(071460)가 대표적인 기업이다. 대유위니아의 주가는 7월 16일부터 급등하기 시작했는데 그 이유는 7월 14일부터 16일까지 3일간 '위니아 에어컨' 판매량이 지난해 동기간 대비 158% 증가했기 때문이다. 16일 하루 판매량은 전년 대비 419%나 급증한 것으로 나타났다. 판매량이 단기간에 크게 증가함에 따라 지난해에 비해 실적이 급증할 것이라는 전망이 주가 급등의 주요 요인으로 작용했다.

[2018년 대유위니아 일봉]

[2017년 대유위니아 일봉]

과거의 흐름을 살펴보면 일반적으로 대유위니아는 7월까지 상승하고 8월부터 하락하는 경우가 많다. 2017년의 사례를 봐도 비슷하게 움직인다. 2018년에 더욱 강하게 하방이 있었던 이유는 여름 수혜주가 전반적으로 지지부진했고, 대외적인 경제 이슈가 작년에 비해 많이 발생했기 때문이다.

제과주에 속하는 롯데제과(280360)는 불확실성이 커져 상반기 주가가 부진했다. 매장형 사업 정리로 인해 비용 부담이 있었고 건강식품 매장을 철수하며 매출이 줄어들었다. 게다가 여름 초반 지지부진한 아이스크림 판매에 주가가 많이 하락했다. 다만 7월 빙과 매출액이 10% 증가하며 실적이 호전된 상황을 보였다. 여름 테마에 대한 영향이 늦게 반영된 만큼 빙과 판매 호조는 올해까지 이어질 것이라는 전망이 있어 향후 흐름은 긍정적이다. 빙과 이외에도 수익성 위주의 경영 정책으로 전환한 것도 중요 포인트다. 물론 초기 수익성이 좋지는 않았지만 해당 부분은 점차 개선될 전망이다.

영화주는 대표적으로 CJ CGV(079160)가 있다. 상반기 프리미엄 영화관이 늘고, 영화 관람료가 증가하여 매출액이 13~20% 증가했다. 이에 영향을 받아 4월까지 주가가 크게 상승했지만 2분기 흥행작이 나오지 않아 주가의 하락 요인으로 작용했다. 게다가 여름 수혜주들이 부진하며 투자심리가 악화됐고 이에 영향을 받아 주가는 하락했다. 다만 3분기부터 기대작들의 라인업

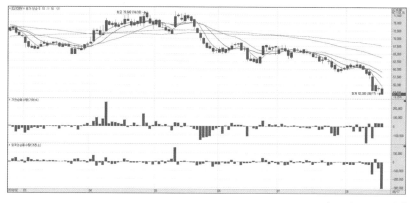

[2018년 CJ CGV 일봉]

[2017년 CJ CGV 일봉]

이 준비되어 있고, 추석 등 장기 연휴가 있어 이후 실적은 긍정적인 전망이다.

참고로 CJ CGV는 2017년 8월 이후부터 상승해서 2018년 연초에 고점을 찍은 이후 여름이 다가오며 하락하는 흐름이 반복되고 있다. 이는 2017년의 주가 흐름과 거의 동일한 모습이다.

6장_어디에 투자하지? 테마로 찾아보는 유망 종목

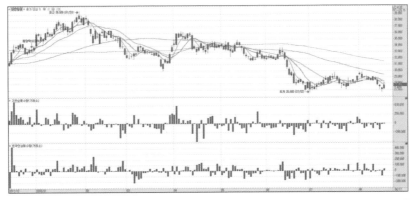

[2018년 대한항공 일봉]

[2018년 제주항공 일봉]

여행주 역시 최근 흐름은 좋지 않다. 항공주 대표 종목으로 대한항공 (003490), 아시아나항공(020560) 등이 있다. 다만 이 종목은 갑질 논란 등 부정적인 이슈가 연이어 발생해 어려움을 겪고 있다. 진에어(272450), 제주항공 (089590) 등 저가항공사도 각종 여행지 자연재해 등에 영향을 받아 주가 흐름이 좋지 않은 모습을 보이고 있다. 다만 추석을 기점으로 하반기 연휴에 따른 성수기가 도래하는 부분을 참고하면 좋다.

여름 테마주의 향후 전망은?

여름 수혜주의 경우 과거 차트 흐름을 파악하는 것이 중요하다. 해당 기간이 매출 부분에서 가장 중요한 성수기이기 때문이다. 성수기에 해당 기업이 만족할 만한 성과를 끌어내지 못하면 연간 실적 역시 좋게 나올 수 없다. 실적이 악화되면 결국 주가는 실적에 맞춰 하락하게 된다. 만약 앞으로 여름 수혜주에 투자하고 싶다면 각 종목별 이슈가 되는 투자 포인트를 체크하면 좋다.

여름 가전제품의 경우 전년 대비 판매량이 이익에 대한 평가 여부라는 것을 파악할 수 있다. 여행주의 경우 여행객의 수가 중요하고 주요 여행지에 자연재해 등 여행하기 힘든 상황이 발생하는지를 파악해야 한다. 또 선거와 같은 특수 이벤트가 예정되어 있는지도 체크해야 한다. 여행주는 연휴가 길면 수혜로 작용하지만 '선거'와 같이 해당 기간 투표를 위해 자리를 지켜야 하는 상황이 발생하면 오히려 수익에는 부정적으로 작용할 수 있다. 빙과주는 아이스크림 판매량이 얼마나 증가했는지가 중요 포인트다.

계절적인 요소가 있는 종목은 투자 포인트가 거의 같다. 그렇기 때문에 해당 이슈가 가시화되는 기간이 아닌 사전에 주가가 이미 급등하고 실제로 해당 이슈가 발생되는 시점에 주가가 하락하는 경우가 많다는 특징이 있다. 관련된 종목의 차트 흐름을 살펴보면 한여름에 오히려 주가가 하락하는 종목이 많다는 것이 이를 증명한다.

태풍 테마주, 태풍이 불어도 날아가지 않는 종목은?

6-4

태풍 테마주를 알아야 하는 이유

태풍 테마주는 여름 폭염과 더불어 대표적인 여름 테마주에 속한다. 태풍 테마가 발생하는 이유는 매년 태풍이 오면서 반드시 국내에 피해를 주기 때문이다. 태풍 테마주로는 일반적으로 시설 복구, 폐기물 처리, 방역, 농업 등의 종목이 손꼽힌다. 최근에는 건설폐기물 처리 업체 관련 주도 태풍 테마주에 편입된 모습을 보인다.

일반적으로 폐기물 처리의 경우 장마 혹은 태풍 이후 일거리가 많아지는 경향이 많다. 건설업에 비교하자면 건설 수주를 성공하거나 건설 물량이 많아지는 것과 같은 효과라고 이해하면 된다.

농업 관련 주는 언뜻 보면 태풍 및 장마 수혜주와 관련 없어 보이지만 조금만 더 생각해보면 관련이 많다는 걸 알 수 있다. 일반적으로 태풍이나 장마가 지나고 나면 농작물에 피해가 발생하고 병충해가 드는 곳이 많아진다. 이 때문에 새롭게 농작물을 관리하기 위해 약을 치거나 다시 심어야 하므로 농약 등과 관련한 기업의 주가가 상승하고 곧 태풍 테마주에 속하게 된다.

태풍은 보통 비를 동반하고 장마 기간에 오는 경우가 많다. 비가 오고 나면 습하기 때문에 제습기를 만들어 판매하는 기업 역시 수혜를 입을 수 있다.

태풍의 영향을 받는 주요 기업은?

우선 폐기물 처리 관련 주로는 코엔텍(029960)이 있다. 산업폐기물 산업 자체가 진입 장벽이 높고 과점적인 성향을 갖는다. 따라서 폐기물 관련 주는 태풍 테마주에서 대장주 역할을 한다. 코엔텍은 4대강 복원 관련 주로도 인식되고 있다. 2018년 3월 23일 '2018년 세계 물의 날' 기념식에 참석해 4대강 자연성을 회복하겠다는 정부 관계자의 발언이 있었고 이에 따라 장중 주가가 20%가 급등할 정도로 테마적인 성격이 강하다. 최근 이런 태풍 테마뿐만 아니라 비닐과 스티로폼에 이어 플라스틱도 폐기물 재활용 품목에서 제외되면서 소각 업체로 실적 개선이 기대되고 있다. 관련 내용은 2018년 4월 경기도 등 일부 아파트 단지에서 재활용 폐기물을 수거하는 업체가 대표적인 재활용 품목인 페트병을 비롯한 플라스틱 폐기물을 일정 수거하지 않겠다고 밝히면서 문제가 됐다. 이에 따라 1분기 매출액과 영업이익은 전년 대비 6.9%, 52.7% 상승하며 주가 상승을 견인했다. 따라서 코엔텍은 크게 태풍, 폐기물 사업, 4대강 이슈로 총 세 가지 투자 모멘텀이 있다.

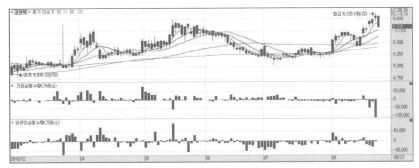

[코엔텍 일봉]

환경전문 기업인 인선이엔티(060150)는 태풍 테마주에 속한다. 해당 종목은 건설폐기물 처리업과 자동차 해체업을 하는 기업이다. 건설폐기물 분야 국내 기업 중 유일하게 비계구조물 해체부터 운반, 순환골재 생산과 매립까지 일괄처리할 수 있고 관련된 특허를 보유하였다. 태풍 테마주로 부각됐을 뿐만 아니라 건설폐기물 처리업과 자동차 해체업 호조 속에 상반기 최대반기 매출액을 기록하였다. 실적을 구체적으로 살펴보면 인선이엔티의 매출액은 전년 대비 10.9% 증가했고, 영업이익과 당기순이익도 전년 동기 대비 15.4%, 32.6% 증가하는 모습을 보였다.

인선이엔티는 지방자치단체나 건설회사 등과 계약을 맺고 재건축 현장 및 철거를 주로 진행한다. 최근 안정성의 이유로 노후 건물 철거 수요가 증가하며 건설폐기물 사업 부분은 전년 대비 24% 증가하는 모습을 보였다. 자동차 해체업도 지속적인 성장세를 보이고 있다. 새로운 사업 분야를 개척하기 위해 2011년 자회사 인선모터스를 설립하며 해체업 시장에 진입했다. 주로 폐차를 확보하여 중고차 시장에 공급하거나, 엔진 고철 등 부품을 분해해 재

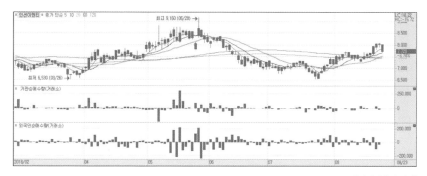

[인선이엔티 일봉]

판매하기도 한다. 미세먼지에 대한 경각심이 높아지며 노후 차량에 대한 폐차 수요가 증가하고 있다. 작년 대비 국내 폐차 대수는 11.8% 증가한 약 88만 대다. 향후 폐기물 매립 사업을 진행하기 위해 경남 사천에 매립장 조성을 추진하고 있으며, 2009년 광양 매립장 사업 재개를 위한 변경 허가 획득도 마무리되어 매립장 가동에 속도가 붙을 것으로 보인다.

조비(001550)는 비료제조 전문 업체로, 친환경 자재, 영양제, 토양개량 등을 개발하여 판매하는 회사다. 조비는 비료 관련으로는 대장으로 꼽히고, 남북 경협 이슈도 갖고 있다. 최근 남북 경제협력 이전에 비료 지원이 선행될 것이라는 증권가의 분석에 따라 관련 주들이 상승하는 흐름을 보였다. 아무래도 현재 북한 경제에서 농업과 광공업이 차지하는 비중이 50%가 넘기 때문에 관계가 개선된다면 큰 수혜를 입을 것으로 예상된다. 북한의 경우 노동 부문의 노동 집약도가 높은데 생산량은 수십 년간 정체되어 있기 때문에 농기계와 비료, 농업 기술 등 생산성 증대를 위한 지원이 시급한 상황이다. 따라서 조비는 태풍 테마주와 남북경협의 이슈를 동시에 갖는 종목이라고 생각하면 된다.

　코웨이(021240)는 경쟁이 격화된 생활가전 렌탈 시장에 위기가 찾아올 것이라는 불안감에도 불구하고 고객의 눈을 맞춘 제품을 내놓으며 부동의 1위를 유지하고 있다. 최근 생활가전 렌탈 시장은 '쿠쿠'와 '교원' 등의 중견기업과 현대렌탈 케어(현대백화점), SK매직(SK하이닉스) 등 대기업이 가세하며 춘추전국시대를 맞고 있다. 코웨이는 RO맴브레인 필터이면서도 저수조 방식이 아닌 직수 방식으로 물을 추출하는 '시루직수 정수기'와 의류관리와 공기 청정을 동시에 수행하는 '사계절 의류 청정기' 등 시장의 고정관념을 깨는 혁신 제품으로 시장을 선도하고 있다. 특히 시루직수 정수기는 출시 한 달 만에 5,000대 이상 팔렸으며 석 달 만에 1만 대를 돌파했다. 코웨이의 실적은 매출액이 전년 대비 9% 증가한 6,781억 원, 영업이익은 7% 증가한 1,293억 원을 기록했다. 국내 및 해외 렌탈 판매 역대 분기 최대 달성, 해외 사업의 지속적인 성장, 매트리스 렌탈 판매 2분기 사상 최대 기록 등 여러 호재가 맞물려 있는 상황이다. 코웨이는 국내 및 해외 렌탈 판매 부분에서 전년 동기 대비 7.1% 증가한 50만 9천 대를 기록해 역대 최대 렌탈 판매량을 달성했다. 국내 실적의 호조는 정수기, 공기청정기 등 주요 환경가전제품군의 증가가 실적을

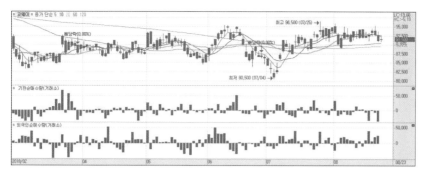

[코웨이 일봉]

견인했다. 해외 사업 부분에서는 말레이시아 법인과 미국 법인 성장세가 돋보였는데 말레이시아 법인은 분기 최초로 매출 900억 원 돌파 및 역대 최대 영업이익률(17.4%)을 기록했다. 말레이시아 법인은 매출액이 전년 대비 86% 증가한 916억 원을 기록했고, 관리 계정도 47% 증가했다. 미국 법인도 매출액이 11.4% 증가했고, 관리 계정도 4.9% 증가했다.

코웨이는 홈 케어 사업도 순항 중이다. 메트리스 렌털 판매량은 전년 대비 22.2% 증가한 3만 9,000대를 기록하며 최대 렌털 판매 실적을 달성했다. 앞으로는 B2B, B2G 등 시장 확대에 따른 수혜가 있을 것으로 보인다.

태풍 테마주의 향후 전망은?

태풍 관련 주를 투자할 땐 우선 장마도 함께 고려하는 것이 좋다. 장마 역시도 태풍만큼은 아니지만 폐기물 처리 등 다양하게 피해를 주기 때문이다. 태풍 테마주는 다른 테마주보다 워낙 단기간에 작용하기 때문에 태풍 테마에

만 집중하는 것이 아니라 기본 펀더멘탈에 더욱 집중하는 것이 필요하다. 태풍 관련 주를 소개할 때도 테마에 이슈를 잡기보다는 개별 모멘텀에 집중한 모습을 볼 수 있다. 일반적으로 테마주의 경우 하나의 테마에 속하기보다는 종목별 2~3개의 테마를 가질 수 있다는 것을 기억하자.

태풍과 관련한 수혜주만 이야기했는데, 태풍이 오면 '보험' 섹터에는 일반적으로 악재로 작용한다. 태풍으로 피해가 발생하면 손해를 배상해야 하기 때문이다. 물론 천재지변일 경우에는 면책되는 부분이 있긴 하지만 손해율이 늘어나게 되면 보험 업계의 수익성이 악화될 수밖에 없다.

월드컵 테마주, 4년마다 주가 상승을 부르는 종목은?

6-5

월드컵 테마주를 알아야 하는 이유

월드컵은 4년마다 개최하는 세계적인 스포츠 축제다. 그렇기 때문에 전 세계 사람들이 월드컵에 집중하고 응원하며 소비가 증대된다. 주기가 4년에 한 번 오기 때문에 해당 이슈에 따라 주가가 크게 상승하기도 한다. 관련 종목을 모아 '월드컵 수혜주'라고 부른다. 통상적으로 월드컵 수혜 업종으로는 여행, 스포츠 브랜드, 치킨, 맥주, 광고, 방송 등을 꼽는다. 여행 업종은 월드컵에 따른 관광객의 증가가 수익 상승에 영향을 준다. 스포츠 브랜드의 경우는 월드컵(스포츠)의 영향으로 자연스럽게 수혜를 입는다. 치킨과 맥주의 경우도 월드컵 관람에 빠질 수 없는 간식거리다. 실제로 치맥뿐만 아니라 보쌈, 족발 등 다른 야식 관련 주도 수혜를 입는다. 광고와 방송은 월드컵 경기를 시청하는 사람들의 시청률과 해당 광고에 따른 광고 수익을 얻을 수 있기 때문에 이슈가 된다. 월드컵은 연관된 기업이 단기간 수익을 극대화할 수 있는 요인으로

269   6장_어디에 투자하지? 테마로 찾아보는 유망 종목

작용한다. 투자자들은 이 시기를 노려 투자 포인트로 활용하기도 한다.

2018년에는 월드컵 수혜주가 평소와는 달리 큰 움직임을 보이지 않았다. 북미회담 개최 공식화 및 6·13 지방선거 등 정치 관련 종목으로 이목이 쏠리면서 주도주가 관련 종목으로 옮겨졌기 때문이다.

월드컵의 영향을 받는 주요 기업은?

대표적으로 치맥 관련 주로 하림(136480), 마니커(027740), 하이트진로(000080), 롯데칠성(005300) 등이 있다. 일반적으로 월드컵 경기가 있을 때 치맥 관련 주가 긍정적으로 움직인다. 하지만 경기 시간을 반드시 체크해야 한다. 지난 2014년 브라질 월드컵의 경우 국내 경기 시간이 대부분 새벽 4시~5시로 편성되어 치맥, 보쌈 등과 같은 야식의 인기가 시들했다. 그 대신 24시간 운영하는 편의점이 혜택을 받았다. 2018 러시아 월드컵의 경기 일정은 6월

[하림 일봉]

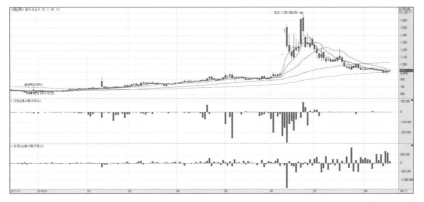

[마니커 일봉]

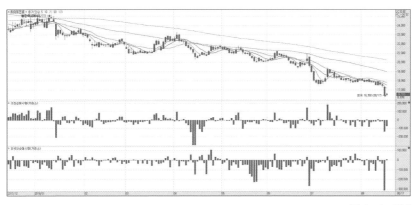

[하이트진로 일봉]

[롯데칠성 일봉]

6장_어디에 투자하지? 테마로 찾아보는 유망 종목

14일부터 7월 16까지 진행됐다. 하림과 마니커는 6월 중순까지는 주가가 크게 상승했고 이후 실제로 개막한 이후로는 주가가 하락한 모습을 볼 수 있다. 마니커는 제3자배정유상증자를 통해 CJ제일제당이 2대 주주로 맞이하게 된 이슈(개별 모멘텀)까지 발생하여 주가가 추가적으로 급등한 모습을 보였다.

이에 반해 방송 쪽에서는 아프리카TV(067160)가 주가에서 함박웃음을 보였다. 아프리카TV는 월드컵 기간인 6월 14일부터 7월 16일까지 러시아 카잔, 소치 등 11개 도시에서 열리는 2018 FIFA 러시아 월드컵의 모든 경기를 생중계한다고 밝혔다. 인터넷 업계 가운데 중계 계약을 맺은 곳은 아프리카TV가 처음이라 더욱 이슈가 됐다. 아프리카TV는 유명 BJ도 라인업되어 있고 플랫폼이 개선됨에 따라 시청자 수가 늘어나고 있는 상황이다. 사실 아프리카TV는 별풍선 결제 한도를 제한하며 수익에 큰 하락이 생길 수 있었지만 차별화된 콘텐츠와 플랫폼을 다각화하면서 오히려 주가가 상승하는 모습을 보이고 있다. 하지만 별풍선은 아프리카TV 전체 매출의 70~80%를 차지할 정도로 큰 수익원이다. 이에 따라 아프리카TV의 수익성에도 빨간불이 켜지는 것이 아니냐는 심리도 일고 있다. 다만 아프리카TV는 향후 E-스포츠 시장 성장으로 수혜가 클 것으로 기대된다. 게다가 E-스포츠에는 인터넷 게임을 이용해 열리는 대회와 방송 등도 포함되어 있기 때문에 긍정적으로 볼 수 있다.

제일기획(030000)과 이노션(214320)은 월드컵 수혜뿐만 아니라 김상조 관련 주에도 속한다. 아무래도 광고주이기 때문에 다양한 이슈와 연계된다고

[제일기획 일봉]

[이노션 일봉]

6장_어디에 투자하지? 테마로 찾아보는 유망 종목

볼 수 있다. 국내에서 월드컵 광고주라고 하면 '제일기획'과 '이노션'이 대표적이다. 제일기획은 2018년 초에도 평창 동계올림픽에 힘입어 1분기 양호한 실적을 달성했다. 아무래도 이슈가 되는 이벤트가 있으면 관심이 쏠리기 때문에 '광고' 부분에서 수혜를 입을 수밖에 없다. 이노션은 모기업인 현대차 그룹이 월드컵 공식 파트너였기 때문에 더욱 이슈가 됐다.

LG유플러스(032640)를 비롯한 기존 TV 시청률은 최근 아프리카TV 등 인터넷 매체와 경쟁하는 부분이 있기 때문에 과거만큼은 수혜가 일어나지 않

[LG유플러스 일봉]

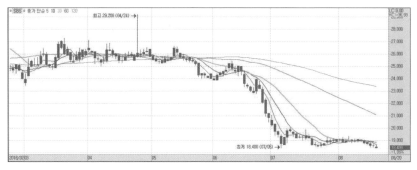

[SBS 일봉]

을 것이라는 시선이 강하다. LG유플러스의 경우 2018년 러시아 월드컵 방송 회선을 국내 지상파 방송 3사에 단독 제공하기로 해 이슈가 됐다. 현지 경기장에서 국제 통신망으로 전송된 방송을 LG유플러스 안양방송센터에서 받아 전용망을 통해 UHD 및 HD 화질로 지상파 3사에 제공하는 내용이다. LG유플러스는 월드컵 이슈뿐만 아니라 이동통신사의 5G 주파수 경매와 관련한 이슈 때문에 상승하였다. 반면, SBS(034120)는 월드컵 기간에 오히려 주가가 하락하는 모습을 보였다.

월드컵 테마주의 향후 전망은?

월드컵은 4년 주기이기 때문에 해당 이슈는 개별적인 모멘텀이 주가가 상승하는 데 도움이 되는 요인이라 판단하는 것이 좋다고 본다. 물론 월드컵이라는 하나의 이슈가 각 종목의 실적에 큰 영향을 주기도 한다. 다만 2018년과 같이 미중 무역전쟁, 북미 정상회담 등 다양한 이슈가 월드컵 관련 주가 부각되는 것을 방해할 수 있다. 이처럼 해당 이슈를 덮을 수 있는 모멘텀이 발생했을 때 테마주가 부각되지 않을 수 있다는 점을 참고하여 투자를 진행해야 한다.

김상조 공정위원장 테마주를 알아야 이유

공정거래법은 1980년대 만들어졌는데 정식 명칭은 독점규제 및 공정거래에 관한 법률이다. 흔히 공정거래법이라 줄여 부른다. 김상조 공정위원장 관련 주를 살펴봐야 하는 이유는 관련된 이슈가 진행되면 대기업 즉, 시총 상위 종목에 큰 영향을 줄 수 있기 때문이다.

김상조 공정위원장이 공식적으로 제기한 공정거래법의 개정 이유는 크게 네 가지다. 첫째, 1980년 공정거래법 제정 이래 필요한 상황에 따라 규정을 수정하면서 법 규정·체계상의 정합성 측면에 문제가 생겼다. 둘째, 과거 고도성장기와 산업화 시대의 규제로는 빠르게 변화하는 경제 여건과 4차 산업혁명 시대의 경제 현상을 효과적으로 규율하는 데 한계가 있다. 셋째, 기존 규제의 한계가 많아 기업의 편법적 지배력 확대 수단이 새롭게 발생했고, 추후 추가적으로 발생할 수 있다. 실제로 공정거래법상 사각지대를 악용해 규제를 회피하는 사례도 발생했고, 법 개정 없이는 효율적으로 공정거래를 추진할 수 없는 상황이다. 마지막으로, 공정거래위원회 조사 및 심의 과정에서 투명성과 공정성을 제고하고 피심인의 절차적 권리 보장을 요구하는 주장이 꾸준히 제기됐다. 실제로 김상조 공정위원장이 중소기업 기술 유용을 근절하겠다고 선언한 이후 두산인프라코어가 첫 처벌을 받았다.

두산인프라코어 처벌 내용

두산인프라코어는 국내 대표 건설기계 업체 중 하나다. 공정위에 따르면 두산인프라코어는 2015년 말 압축 공기를 분출하는 굴착기 장착 장비인 '에어 컴프레서' 납품 업체인 '이노코퍼레이션'에 납품 가격을 18% 낮춰달라고 요구했다가 거절당했다. 이후 두산인프라코어는 제3 업체에 핵심 부품 제작·용접·도장 방법, 부품 결합 위치 등 상세한 내용이 담긴 제작 도면을 넘겼다. 핵심 정보를 넘길 수 있었던 이유는 2015년부터 2017년도까지 30개 하도급 업체를 대상으로 '승인도'라는 이름으로 기술 자료를 받았기 때문이다. 이후 제3 업체가 납품을 시작하자 2017년 8월 이노코퍼레이션은 공급 업체에서 완전히 배제됐다. 관련된 내용으로 공정거래위원회는 하도급법 위반 혐의로 두산인프라코어에 과징금 3억 7,900만 원을 부과하고, 법인과 함께 직원 5명을 검찰에 고발했다.

게다가 김상조 공정위원장은 취임 1년 기자회견에서 재벌들의 비핵심 계열사를 매각하라고 강조했다. 이는 재차 일감 몰아주기 문제를 해소하기 위한 움직임으로 이해하면 된다. 이를 위해 김 위원장은 대기업 지배주주 일가가 보유한 비주력, 비상장 계열사 지분에 대한 근본적인 해결책이 필요하다고 강조했다. 통상적으로 기업 지배구조 개선은 투명성을 제고하는 부분으로 작용해 주주 친화적 정책으로 불리지만 당장 지분 처리 불안으로 작용할 경우 악재로 받아들여진다. 아직까지는 소통을 하며 자발적인 개선을 요구하는 상황이나 수위는 점차 강해지고 있다. 또 경영에 참여하는 직계 위주의 대주주 일가는 주력 핵심 계열사의 주식만을 보유하고 나머지는 가능한 한 빨리 매각해 줄 것을 요구하며 구체적인 방식을 제안했다. 직접 경영에 참여하지 않는 친척 일가의 경우 지분 매각이 어렵다면 빠른 계열 분리와 독립적인 거래 관행을 만들어달라고 부탁했다. 이는 공정위가 추후 개별 사례에 대한 신중한 사전 검토를 거치겠다는 것을 의미하며 사익편취나 부당지원 혐의가 발견될 경우 순차적인 조사와 제재가 있을 것임을 시사하는 것이다. 특히 지분을 매각해야 할 종류의 계열사로 언급된 곳은 SI, 물류, 부동산 관리, 광고 등 일감 몰아주기가 너무나도 쉽게 일어나고 자주 논란이 되는 곳이다.

김상조의 영향을 받는 주요 기업은?

김상조 테마주로는 대표적으로 삼성에스디에스(018260), 제일기획(030000), 이노션(214320), 신세계 I&C(035510)가 있다.

삼성에스디에스는 캡티브 마켓 위주의 SI 컨설팅 사업을 영위해왔고, 삼성전자의 지원을 통해 경쟁력을 입증받았다. 이에 급변하는 IT 환경에서도 빠르게 대응하였고 강한 강점으로 작용했다. 삼성에스디에스는 삼성 그룹 내 시스템 통합(SI) 기업으로 총수 일가가 17.01%의 지분을 보유하고 있다. 매출 비중에서도 삼성의 비율이 워낙 높기 때문에 김상조의 발언에 크게 영향

[삼성에스디에스 일봉]

을 받았다. 다만 주가의 하락 이후 주가가 빠르게 반등한 이유는 시장에서 별다른 이슈 없이 김상조 위원장의 발언으로 주가가 큰 영향을 받았다는 시각이 많았다. 삼성에스디에스의 경우 기술 진화에 따른 최대 수혜가 기대되고 있다. 하반기 삼성전자 설비 증대에 따라 IT 매출 증가가 지속될 것으로 전망됐고, 전략 사업의 성장세가 지속되고 있기 때문에 10%대 매출액 성장이 가능할 것이라는 전망에 주가가 빠르게 회복됐다.

제일기획은 삼성 그룹 내 광고 회사로 일감 몰아주기 대상으로 지속적으로 지목되고 있다. 2017년 제일기획의 연 매출 약 3조 3,750억 원에서 삼성전자가 차지하는 비중은 64%로 2조 1,585억 원에 달했다. 이는 2016년 대비 8.1% 상승한 모습이다. 그리고 이 증가분은 연 매출 상승률(4.4%)보다 규모가 크다. 제일기획의 삼성전자 매출 의존도는 61.8%에서 2.2% 포인트 높아졌다. 삼성전자는 제일기획 지분의 약 25.24%를 보유한 최대주주다.

제일기획은 삼성 그룹의 주요 기업을 광고주로 국내외 마케팅 사업을

6장_어디에 투자하지? 테마로 찾아보는 유망 종목

벌이는데 특히 '갤럭시' 시리즈와 각종 가전제품 광고가 대표적이다. 물론 2018년 1분기 피자헛(영국), 비상교육, KTH 등 신규 광고주와 브랜드를 새로운 고객으로 영입하는 성과가 있었고 삼성에 대한 비중을 낮출 수 있다고 기대되는 상황이다. 다만 60%가 넘는 의존도를 단기간에 해소하기는 어려울 것이다. 따라서 제일기획 역시 김상조 관련 주에서 자유로울 수 없다. 실제로 해당 이슈가 가시화된 날 -9%대 하락세를 보였고 -4%에서 마감하였다.

이노션 역시 광고 업계 넘버 2로 제일기획과 비슷한 상황이다. 제일기획과 유사하게 연간 매출액 중 현대자동차 거래 비중이 약 44%로 압도적이다. 매출 의존도도 2015년 37.8%에서 2016년 40.2%에 이어 지속적으로 증가하는 추세다. 계열사인 기아자동차까지 더할 경우 매출의 60%가 넘는 비중을 의존한다고 봐도 무방하다. 이노션은 정몽구 현대차 그룹 회장의 장녀인 정성이 고문이 최대주주다. 정몽구 재단도 9% 정도의 지분을 보유하고 있다. 이노션도 김상조 발언 이후 주가가 하락하다 회복하는 모습을 보였다. 견조한 시장 성장, 커버리지 확대 및 스포츠 이벤트 효과와 더불어 D&G 인수 효과가 더해

[이노션 일봉]

져 양호한 실적 호조세가 기대되기 때문이다. 환율 부분에 부담을 갖고 있긴
하지만 외형 성장으로 이를 해소할 것으로 기대되는 상황이다.

신세계 I&C는 신세계 그룹 내에서 IT 서비스를 담당하고 IT 서비스 사
업은 크게 시스템 운영(SM), 시스템 통합(SI), 지능형 빌딩 시스템(IBS) 사업으
로 구분된다. 신세계 I&C도 일가의 비상장 및 비주력 계열사 지분에 이해할
만한 설명을 하지 못한다면 김상조 발언에 부정적인 영향을 받을 수밖에 없

[신세계 I&C 일봉]

6장_어디에 투자하지? 테마로 찾아보는 유망 종목

다. 게다가 신세계 I&C의 경우 그룹 투자가 강해 부담이 더 크다. 최근 최저임금 인상 흐름이 이어져 무인점포 수요가 중장기적으로 늘어날 것으로 전망된다. 신세계 I&C는 이마트 24 내 무인점포 관련 기술을 담당하고 있다. 신세계 그룹은 편의점 사업에 3년간 약 3,000억 원을 투자할 전망이고, SSG 가입자 수와 거래 금액이 늘어날 것으로 기대된다.

김상조 테마주의 향후 전망은?

우선 빠르게 기업 지배구조 개선이 필요한 상황이다. 급하게만 진행하지 않으면 지배구조 개선은 투명성 제고를 가져와 주주 친화적 정책으로 적용될 수 있다. 실질적으로 김상조 공정위원장이 이야기한 부분에서 지분율을 어떻게 정리하는지의 여부가 관련 주들에 대한 부담을 제거할 수 있는 주요 방법이다. 다만 지배구조 개선뿐만 아니라 그룹주의 의존도를 낮추고 실적에 대한 부분을 쌓아나간다면 이 또한 펀더멘탈 평가에서 긍정적으로 인식될 것이다.

6장_어디에 투자하지? 테마로 찾아보는 유망 종목

주식투자 3일 완성

초판 1쇄 발행·2019년 01월 24일
초판 2쇄 발행·2020년 07월 22일

지은이·하창완
펴낸이·이종문(李從聞)
펴낸곳·(주)국일증권경제연구소

등록·제406-2005-000029호
주소·경기도 파주시 광인사길 121 파주출판문화정보산업단지(문발동)
영업부·Tel 031)955-6050 | Fax 031)955-6051
편집부·Tel 031)955-6070 | Fax 031)955-6071

평생전화번호·0502-237-9101~3

홈페이지·www.ekugil.com
블로그·blog.naver.com/kugilmedia
페이스북·www.facebook.com/kugillife
E-mail·kugil@ekugil.com

· 값은 표지 뒷면에 표기되어 있습니다.
· 잘못된 책은 구입하신 서점에서 바꿔드립니다.

ISBN 978-89-5782-126-8(13320)